TESTAMENT
D'UN
VIEUX DIPLOMATE.

Corbeil, imprimerie de Crété.

TESTAMENT

D'UN

VIEUX DIPLOMATE

PAR

ANDRÉ DELRIEU,

AUTEUR DE LA VIE D'ARTISTE.

II

PARIS,
LIBRAIRIE DE BAUDRY, ÉDITEUR
des Trois Mousquetaires et de Vingt Ans après, par A. Dumas.

34, rue Coquillière.   **1846**   Chaussée-d'Antin 22.

INTRODUCTION.

LE VIEUX DIPLOMATE

A SON EXÉCUTEUR TESTAMENTAIRE.

J'ai vu, mon cher enfant, l'emploi que vous avez fait de mon manuscrit. On ne saurait mieux respecter l'esprit et la lettre des volontés dernières d'un moribond et, puisque ma vie politique a découvert dans votre plume un interprète fidèle, rien ne m'empêche plus d'entrer à Chaillot, dans la maison de santé où m'attendent les douches si nécessaires à la lucidité de l'intelligence. Le repos hygiénique de cet asile et l'encourageante fixité de votre collaboration ne tarderont pas à me rendre plus causeur, plus expansif, plus franc surtout que vous n'étiez en droit de l'attendre des habitudes de mon ancien métier.

Que ferais-je d'ailleurs maintenant à Paris, et rue de la Planche? Il me faudrait du matin au soir, le jour et la nuit, souffrant ou valide, répondre aux controverses plus ou moins digne d'intérêt que ne manquera pas de soulever dans le monde notre solidaire impartialité. C'est un triste rôle par le temps qui court, comme par tous les temps, que de dire la vérité, et, si ce n'était l'amour-propre du témoin oculaire, qui fut un peu acteur lui-même dans la pièce qu'il raconte, je m'abonnerais beaucoup moins à rectifier qu'à falsifier l'histoire.

Mais, je l'avoue sincèrement, il y a dans le réveil provoqué des souvenirs un entraînement magique. Pour peu qu'une circonstance nous ait passionnés naguère, elle retrouve au fond de notre mémoire des sentiments mal éteints que l'imagination attise et que la conversation enflamme. Au surplus, les événements politiques ont cela de séduisant que, dans un pays comme le nôtre, ils sont presque toujours inséparables des vicissitudes de notre existence particulière, et que nul homme public, je parle encore des plus modestes, ne peut écrire les annales contemporaines de sa patrie, sans que les pages du livre de son cœur ne s'y rattachent par de secrets lambeaux.

C'est tout simple: la démocratie, de plus en plus montante, engloutit l'homme dans la société. Aujourd'hui, nous ne sommes rien isolément; nous n'avons de relief et de valeur que par l'association. L'homme entier, l'homme avec ses goûts, ses travers, ses facultés, son caractère, sa physionomie même, l'homme, avec son *galbe* en un mot, passe, tombe et s'éteint dans la foule. Il y a des masses, des corps, des groupes, des familles; il n'y a plus de personnalités. On ne pense qu'à la condition de penser comme un autre; on n'agit qu'à la condition d'agir comme un autre; on ne sent qu'à la condition de sentir comme un autre. L'originalité devient une barrière, un ridicule, un malheur. Nous ressemblons à ces parades des petits théâtres où tout le personnel de la troupe paraît à la fois sur la scène; les emplois médiocres prennent leur part des applaudissements qui n'éclatent que pour les premiers rôles, les spectateurs ne distinguent plus, à la fin de la soirée, le métier vulgaire de l'individualité charmante, et le talent sert de piédestal aux nullités.

Il résulte fatalement de cette pente irrésistible que l'homme, n'ayant plus rien qui lui soit propre, est forcé de vivre de la vie de tous, et, s'il écrit l'histoire par exemple, se substitue à une opinion, à un parti, à un mouvement, et se fait moins l'expression de son libre arbitre que l'organe d'une coterie politique.

Mais en revanche la nature étant plus forte que la société, le *moi*, toujours indélébile, ne disparaît d'abord que pour ensuite reparaître, et, quelque profond que soit le renoncement de l'homme à lui-même, il retrouve tôt ou tard, attachés à ses pas, mêlés à ses travaux, cachés dans ses œuvres, partageant ses succès ou caractérisant ses revers, les débris indignés de sa personnalité vaincue. C'est ce qui rend la vie actuelle des affaires une véritable torture; c'est ce qui fait la société contemporaine bourreau de ses propres membres; c'est ce qui oblige tant d'esprits supérieurs à rester inutiles pour rester eux-mêmes.

Comme je ne suis pas un esprit supérieur, mon enfant, j'ai été utile, mais l'homme privé constamment a souffert en moi des déboires de l'homme public. Aussi vous exprimerai-je difficilement à quel point il m'est doux de rencontrer dans mon secrétaire un confesseur, et dans votre curiosité de la philosophie. Dernièrement, après avoir lu notre premier volume, je me suis senti dispos comme un écolier qui vient d'achever sa tâche; et même cette lecture m'a suggéré l'envie de faire une visite, *in extremis,* au trop fameux hôtel du prince de Talleyrand, où je n'avais pas mis le pied depuis 1829.

Le ciel étant beau, ma goutte endormie,

j'ai demandé tout modestement une citadine. La voiture m'a déposé à l'entrée de la rue Saint-Florentin, et, appuyé sur le bras de mon domestique, me soutenant encore de ma canne tremblante, j'ai enfin gravi, non sans trouble, le grand escalier d'honneur.

Arrêtons-nous un moment ici. — Peut-être ignorez-vous que cet hôtel, aujourd'hui la propriété de M. de Rotschild, fut bâti du temps de Louis XV, sur des terrains appartenant au ministre Phelippeaux, comte de Saint-Florentin, pour le duc de l'Infantado, ambassadeur d'Espagne. Après la mort de M. de l'Infantado, ce palais, auquel étaient réservées de si étranges vicissitudes, passa à son héritier, le chevalier d'Hervas, qui le laissa naturellement à sa fille, la duchesse de

Frioul. En 1812, le prince Talleyrand logeait encore rue d'Anjou-Saint-Honoré; mais comme le préfet de police, à tort ou à raison, avait prétendu que sa maison était le rendez-vous des mécontents, Napoléon, aigri par l'affaire Malet, voulut que Talleyrand se rapprochât des Tuileries.

C'est l'empereur lui-même qui parla à madame Duroc, et le prince fut contraint d'acheter l'hôtel. A quoi tient le sort des dynasties! Logé rue d'Anjou, qui était alors le bout du monde, Talleyrand eut donné sans doute plus de tablature à M. Pasquier, mais sa résidence n'aurait pas été digne d'un czar, placée au foyer du mouvement politique et choisie pour le centre des intrigues de la restauration. Maladresse ou fatalité, on retrouve beaucoup de ces hasards dans la chûte de l'empire. *Quos vult perdere Jupiter, anté dementat.*

J'étais passé, comme naguère, sans dire mot au suisse ; quinze ans d'absence donnaient du prix à ce respect pour mes vieilles habitudes. Il ne fallait pas d'ailleurs que ma première émotion fût dérangée. On tient à croire, aussi longtemps que possible, à l'intégrité d'un monument dont on a partagé l'histoire : cela rajeunit. Une fois engagé dans la rampe colossale en pierre, je n'osais lever les yeux. Mon domestique devinait bien pourquoi ; mais, plus troublé que moi peut-être, il se taisait.

— Léonard, lui dis-je à voix basse, y est *elle* toujours?

— Toujours, M. le vicomte !

A ces mots, nous nous serrâmes l'un contre l'autre, le cœur saisi. Léonard fut le premier qui regarda.

Elle y est toujours vraiment, peinte en or, formant relief sur un globe d'azur que soutiennent des génies, éclairée dans le haut de la voûte par un demi-jour mystérieux dont les rayons lui sont versés au moyen d'une baie de lumière artistement ouverte. *Elle* y est toujours, non plus sans doute comme à Bovines, à Fontenoi, dans la Galerie de Versailles, à l'assemblée des Notables, jetant trop d'éclat pour ne pas éblouir la vue, réunissant dans un emblème unique les droits d'une famille et les droits du peuple ; encore moins telle que nous l'avons suivie, mon enfant, à travers une funèbre époque, mêlée aux armoiries étrangères ou fatalement rougie du sang français : *elle* y est comme il sied à sa fortune, solitaire, inoffensive, belle de son passé radieux, n'empruntant désormais la vivacité de son coloris qu'aux feux les plus lointains de l'horizon, étoile filante qui remonte pieusement au sein du Très-Haut, bien réellement cette fleur dont la tête se penche, dans nos jardins, sous le poids de son calice trop plein de larmes.

Je reconnus à ce trait de respect le bon goût de M. de Rotschild, le nouveau propriétaire, et une pareille bienvenue, tout à fait dans les idées de ma clémente vieillesse, décida du caractère de ma visite.

Hélas, tant de poésie n'était pas nécessaire

au dehors! nous trouvâmes, à l'intérieur des appartements, la révolution de juillet aussi vivante que dans l'histoire, et la fleur de lys du dôme de l'escalier perd son prestige au seuil même de l'antichambre. Dans cette pièce en effet, dont les lambris de chêne répondent bien à la solennité des événements de 1814, le tapis vert d'un billard réunit maintenant des hommes de la finance pour la partie du soir, après le café, et on carambole tous les jours dans l'endroit où naguère les gouvernements attendaient que leur dispensateur fût réveillé.

Que s'est-il donc passé dans cet édifice? Un peu de ce qu'on voit partout: l'argent s'est substitué à l'esprit, les banquiers remplacent les diplomates; on cote des fonds au lieu de jauger des principes, et un emprunt se contracte beaucoup mieux dans le palais de la rue Saint-Florentin que ne s'y consolidait une dynastie.

N'est-il pas curieux, mon ami, que cet hôtel, bâti d'abord pour un ambassadeur d'Espagne sur des terrains vendus par un ministre français, acquis forcément ensuite, d'après les ordres de Napoléon, des deniers de Talleyrand à madame Duroc, soit tombé entre les mains d'un banquier allemand qui le loue à un banquier mexicain !

Ce banquier mexicain est M. Manuel de Lizardi, qui finit le bail de M. Francisco de Lizardi, son frère. Après la mort du prince de Talleyrand, M. Francisco de Lizardi loua de M. de Rotschild le premier étage de l'hôtel pour y établir une succursale de sa maison de banque, dont le principal siége est à Londres, dans la Cité, Austin-Friards. Mais à peine M. Francisco terminait-il son installation dans la rue Saint-Florentin qu'il fut enlevé, à la force de l'âge, par une maladie de trois jours, et cet appartement fatal, où le banquier du Mexique n'avait pas même encore couché, ne changea de locataire que sous les auspices d'un sinistre qui démontre à quel point Dieu réprouve certains monuments de notre époque.

Ce fut sous l'impression de cet événement que je parcourus le sanctuaire. Il y a des vestiges frappants de sa transformation politique. Ainsi la tapisserie du grand salon, bleue sous l'empire, s'était convenablement changée en vert sous la restauration; elle est en lambeaux depuis la mort du prince, et je ne pense pas que jamais locataire entreprenne de la renouveler par un champ tricolore. C'est assez de papier comme cela. Les symboles maintenant sont ailleurs, et nous ne dépendons plus, il faut l'espérer, de la couleur d'un homme.

J'étais guidé dans ma visite par les commis de M. Manuel de Lizardi qui n'attendent pas sans impatience le moment où, par l'expiration du bail, ils iront rejoindre leurs tranquilles comptoirs de Liverpool ou de la Vera-Cruz. Presque perdus dans ces pièces démeublées, ne voyant pas sans inquiétude leur caisse à la place même où était le buffet de Talleyrand, reposant fort mal dans leurs petits lits que l'ombre du czar Alexandre enveloppe de songes politiques, ces pauvres jeunes gens font à l'hôtel de la rue Saint-Florentin un cours de philosophie qui certainement influera sur leur vie entière.

Aussi rien de plus silencieux que leur passage de quelques mois dans l'appartement historique. On dirait d'un tombeau habité par des spectres. Ces messieurs parlent bas, sortent beaucoup, et ne rentrent, autant que possible, que pour dormir, quand ils dorment. les persiennes sont toujours fermées, les glaces voilées. Je commençais à me repentir, pour mon système nerveux, d'une fantaisie de malade qui me jetait au milieu de si lamentables images, lorsque Léonard lui même, au bruit d'une voiture, posa un doigt sur ses lèvres et secoua tristement la tête.

— Qu'est-ce encore? lui demandai-je.

— Le coupé bleu de M. Guizot.

Effectivement, il était midi; le coupé bleu de M. Guizot s'arrêtait, comme d'habitude, au pied de l'escalier de la princesse de Lieven, et la diplomatie russe de l'entresol faisait concurrence, dans mon imagination, au pouvoir financier du premier étage. Je fus flatté de reconnaître que mon ancienne profession, qui est bien celle de l'esprit, luttait encore, jusque dans l'hôtel de Talleyrand-Périgord, contre le crédit de l'argent.

Cette découverte acheva de rallumer ma verve, et, quoique les souvenirs du vieillard entreprennent des circonstances de plus en plus douloureuses, je suis revenu clopin clopant dans mon cabinet, rue de la Planche, pour mettre ordre au récit nouveau que, tantôt écoutant, tantôt écrivant, vous saurez bien coudre à mes premières causeries.

Si l'histoire de la restauration est d'un enseignement utile, reprit le vieux diplomate, c'est assurément dans ses chroniques réactionnaires, et, sous ce rapport, il n'y en a pas eu, à cette époque, de plus complétement instructives que le tableau de la catastrophe où je vais maintenant, mon ami, guider vos nouvelles recherches.

Au moment où les armées étrangères mettaient le pied sur le sol de la France en 1814, il y avait près de Bordeaux, à la Réole, deux frères jumeaux, Constantin Faucher et César Faucher, anciens généraux de brigade sous la république, l'un sous-préfet à la Réole, et l'autre membre du conseil général du département de la Gironde à l'époque du consulat, mais tous deux rentrés dans la retraite et demeurés complétement en dehors de l'administration depuis que Bonaparte s'était fait adjuger le pouvoir à vie.

Les frères Faucher étaient des républicains de bonne foi, de l'école de Carnot, qui avaient cru à la durée du gouvernement démocratique en France, et dont l'activité honnête, ne pouvant plus servir la patrie politiquement d'une manière sympathique à leurs opinions, s'était renfermée dans l'existence de province, au sein d'une modeste fortune. Cette exaltation propre à leur climat, que quelques autres de leurs compatriotes employaient à justifier une éternelle versatilité de systèmes et de principes, ils l'usaient au contraire à persister dans les illusions de 93; et tandis que leur pays se préparait à donner un si frappant exemple d'inconstance, eux seuls peut-être, immobiles au milieu de l'entraînement général, protestaient avec énergie en faveur d'idées qui avaient accompli leur mission.

Telle était la situation exceptionnelle, quoique parfaitement obscure et paisible, de ces deux anciens officiers, lorsque, dans les premiers jours de mars 1814, Wellington détacha le maréchal Beresford avec douze mille hommes pour s'avancer sur Bordeaux par Mont-de-Marsan. Beresford se risqua lui-même avec le général Dalhousie et huit cents hommes d'élite par la route de Langon, à six lieues de Bordeaux, sur la rive gauche de la Garonne. En attirant ainsi le gros de l'armée britannique sur Toulouse par une contre-marche qui avait découvert la capitale du département de la Gironde, le maréchal Soult, après le combat d'Orthez, avait prévenu les habitants de cette ville qu'ils eussent désormais à se défendre seuls contre Wellington. Depuis que Napoléon avait demandé le corps du général Leval pour couvrir la Loire, et que Suchet avait refusé de joindre aux troupes du duc de Dalmatie l'armée de Catalogne, le maréchal, irrité, avant de se renfermer dans Toulouse, voulait soulever la population contre les Anglais. Dans une proclamation datée du 8 mars, il disait, avec une sombre énergie, en parlant de Wellington :

« ...... On insulte à l'honneur national, on a l'infamie d'exciter les Français à trahir leurs serments ! Cette offense ne peut se laver que dans le sang ennemi. Aux armes ! Que dans tout le midi de l'empire ce cri retentisse. Soldats, vouons à l'opprobre et à l'exécration générale tout Français qui trahira sa patrie. Quant à nous, notre devoir est tracé ; combattons jusqu'au dernier les ennemis de notre auguste empereur et de notre chère France. Guerre à mort à ceux qui tenteraient de nous diviser pour nous détruire! »

Cela n'est pas très-bien écrit, mais c'est bien pensé. On y sent le vieux soldat. D'ailleurs, le dévouement de Bordeaux à la cause impériale, personnifié dans M. Lynch, son maire, que Napoléon avait nommé comte, et dans l'un des avocats les plus brillants de son jeune barreau, M. de Martignac, qui avait récemment donné au Grand-Théâtre une cantate en l'honneur de Joséphine ; ce dévouement, dis-je, était si proverbial, que le duc de Dalmatie ne doutait pas qu'on pût, après une victoire devant Toulouse, écraser l'armée britannique entre la Gironde et les Pyrénées. Aussi les dépôts et les garnisons abandonnaient-ils peu à peu le département pour suivre une direction parallèle au mouvement des troupes françaises. Vainqueur à Toulouse, le maréchal était toujours à même de les relancer sur Bordeaux ; vaincu, il ne pouvait trop tôt les rallier dans sa retraite. La proclamation du duc de Dalmatie avait réveillé le patriotisme des frères Faucher.

« Rappelez-vous, écrivaient-ils au général Lhuillier, qui commandait à Bordeaux, rappelez-vous que notre ami Kléber disait en parlant de nos corps mutilés : « Les Faucher ne « peuvent plus aller en avant, c'est vrai ; mais ils ne peuvent pas davantage aller en arrière. Qu'on les place comme pièces de position. Voilà leur emploi. » Nous le réclamons aujourd'hui, général. Laissez-nous faire une levée en masse et défendre la rive droite de la Garonne. »

Mais le général Lhuillier n'avait pas cinq cents hommes, et le comte Cornudet, sénateur commissaire à Bordeaux, sachant de quelles intrigues royalistes cette ville était depuis longtemps le théâtre, se garda bien de compromettre par une résistance inutile, et les troupes dont il répondait à l'empereur, et les citoyens dont il répondait au pays. Toutefois, la Réole offrait des avantages naturels pour une défensive locale. Située à près d'une lieue en arrière de Langon, sur la rive droite, cette sous-préfecture inquiéta bientôt lord Dalhousie. Instruit par la clameur royaliste que les deux républicains n'avaient pas voulu se joindre d'esprit et de corps au mouvement de Bordeaux, le général anglais commença d'abord par établir sur la rive gauche un poste de quarante hussards, vis-à-vis même de la maison des frères Faucher, qui commande pour ainsi dire la Réole de l'autre côté du fleuve. Cette maison jouera dans l'histoire de ses propriétaires un rôle trop fameux pour qu'il ne soit pas nécessaire d'en présenter une courte description à nos lecteurs.

La maison Faucher, qu'on voit encore dans la rue Lamar, à la Réole, et que les royalistes de la Gironde avaient surnommé la *forteresse*, était un édifice composé de quatre ailes ou dépendances et d'un corps de logis principal au centre. L'ensemble des bâtiments, cours et jardins, formait une suite de terrains étagés à partir du fleuve jusqu'au sommet d'un rocher ou d'une côte, formant elle-même cet épaulement du sol qui contraint ici les eaux de la Garonne, en aval de Marmande, à fuir brusquement vers Saint-Macaire. Au plus haut de l'échelle, sur le rocher, commence le jardin, clos d'un mur de huit pieds, percé de trois vieilles portes et s'adossant à des ruelles de la ville. Après le jardin vient le corps de logis, que des cours, dont le niveau est à trente-cinq pieds plus bas, séparent des deux premières ailes, où sont distribués les greniers, les écuries, les remises et les communs de l'habitation. Quelques pieds plus bas encore, et au moyen d'un arceau en bois, on communique du corps de logis à deux ailes bâties sur le bord de la rivière. Sept entrées, dont trois pour le jardin supérieur, desservent ainsi le pâté des cinq maisons. Leur position et leur étendue exigeaient plus de monde pour les défendre que pour les enlever, même à une première attaque. Maître du jardin, l'ennemi le serait de toutes les parties de cet îlet. Le jardin, d'ailleurs, par lui-même n'offrait aucune retraite, et on ne pouvait en sortir qu'en passant sous le feu de la maison centrale.

Là vivait auprès des deux patriotes, qu'elle consolait par sa gaieté et qu'elle devait bientôt seconder par son courage, une jeune personne de dix-huit ans, leur nièce, mademoiselle Anaïs Faucher. Un enfant de douze ans, aussi leur neveu, M. Bruno Faucher, mort en 1827 à la fleur de l'âge, et quelques domestiques, complétaient en quelque sorte le personnel de cette chartreuse, sous les murs de laquelle venaient, depuis le consulat, mourir, avec les flots de la

Garonne, les espérances de la liberté. Tant de calme n'obtint ni merci ni respect, parce qu'il y a des existences qui, par leur innocuité même, soulèvent les craintes ou les jalousies de la foule dans les temps de réaction politique. Les ambitions de province, augmentées à la Réole du fanatisme religieux, du délire bourbonien et de la verve méridionale, s'exaltèrent à la pensée que le gouvernement nouveau aurait peut-être le bon sens de jeter précisément les yeux sur les deux patriotes de la rue Lamar, afin de se rattacher, par les emplois administratifs de la localité, ces hommes opiniâtres, mais résignés, qui ne demandaient plus qu'à finir leur vie d'une manière pacifiquement utile à la France ou militairement funeste aux Anglais.

Dans la nuit du 9 mars, MM. de Lavaissière, de Verduzan et de Peyrusse, habitants de la Réole, frappèrent au vieux portail de la maison du centre. La soirée commençait à peine. Les ères Faucher se trouvaient dans leur salon avec Anaïs. Constantin se leva.

— Qu'y a-t-il, Messieurs?

— Vous aviez offert de défendre la rive droite de la Garonne.

— C'est vrai. Eh bien?

— Eh bien, le moment est venu de prendre sur vous les conséquences de cet acte de patriotisme.

— Comment l'entendez-vous?

— La rive droite est plus que jamais menacée. Le comte Cornudet et le général Lhuillier ont quitté Bordeaux...

— Quelle faute! s'écria César Faucher.

— Ce n'est pas tout. L'avant-garde de Wellington a passé Blanquefort, et un détachement de hussards s'est jeté sur la droite de Langon. Entre le Pont-de-Gironde et Fontet, sous vos croisées, on aperçoit déjà les Anglais...

— Les Anglais!

Les jumeaux républicains se regardèrent avec émotion. Ils avaient chacun cinquante cinq ans et plus de trente blessures, ils étaient de l'armée du Rhin et Moselle et des fameux volontaires de Mayence; ils avaient fait la première guerre de la Vendée; ils avaient été condamnés à mort sous la Terreur et gravi même, littéralement parlant, les marches de l'échafaud; — mais ils n'avaient jamais vu d'Anglais en France, et, avant de répondre, ils montèrent précipitamment sur la plate-forme de leur maison.

Rien n'était plus vrai cependant. Sur la rive gauche, plus basse que la rive droite, on distinguait parfaitement les vedettes ennemies, à cheval et le mousqueton à la main. La *forteresse* de la rue Lamar était observée.

— Vous voyez? dit M. de Peyrusse, je ne mens pas. Le général Lhuillier, en évacuant Bordeaux, a-t-il laissé des troupes à la Réole?

— Il y avait ici le dépôt du 118ᵉ régiment de ligne. Ces hommes ont dû suivre le mouvement de retraite du général ; mais ils n'ont rétrogradé que jusqu'à Marmande ; on peut les prévenir.

— En attendant, Messieurs, voulez-vous réunir à nous quatre chacun douze hommes de nos amis et de nos domestiques, déboucher par le Pont-de-Gironde, et, à la faveur de la nuit, surprendre les hussards de Wellington ?

— Si je le veux ! répondit César, dont les yeux brillèrent de toute la vieille ardeur de 94 ; votre heure, Peyrusse !

— Onze heures.

On se sépara. Malgré les instances de mademoiselle Anaïs, qui pressentait avec ce tact particulier aux femmes, et surtout aux femmes du Midi, que l'acquiescement seul de ses oncles à la proposition de MM. de Lavaissière, de Verduzan et de Peyrusse, était une démonstration anti-royaliste, César et Constantin se préparèrent avec enthousiasme à leur coup de main. Ils avaient armé déjà Jean Peytraud, leur domestique, quand vers neuf heures, les trois habitants de la Réole revinrent encore, mais pour se dédire.

Il est impossible de croire que la précédente démarche fut un piége. M. de Peyrusse était parent de la famille Faucher; madame de Peyrusse n'avait échappé à la mort, sous le règne de la Convention, que par l'influence des deux frères; et madame Lavaissière de Loubens, mère de madame de Peyrusse, leur devait la conservation de ses biens. Je crois même que M. de Peyrusse ne fut radié de la liste de l'émigration que par leur entremise, mais ceci n'est qu'un bruit public.

César et Constantin, d'abord un peu surpris, se résignèrent à la fin à subir les Anglais sous leurs croisées. On désarma, on attendit. Le fleuve entier d'ailleurs, séparait encore la

Réole des habits rouges. Cependant lord Dalhousie, n'ayant rien vu sortir de la maison suspecte, rallia ses hussards, traversa le fleuve entre la Réole et Saint Macaire, à l'endroit nommé le *Pont-de-Gironde*, et occupa même Saint Macaire par ses avant-postes. Comme le général Lhuillier s'était retiré dans le nord du département, où il attendait du secours par la route de Périgueux, et que le fort de Blaye, de l'autre côté de Bordeaux, sur la Gironde, tenait toujours pour l'empereur, cette pointe de lord Dalhousie sur la rive droite était décisive. Mais, dans la nuit du 10, le dépôt du 118e, averti à Marmande du passage de l'armée britannique, revint sur ses pas, poussa jusqu'à Saint Macaire, et, dans un tour de main, enleva les hussards de Beresford.

Cela paraît bien simple. Ici toutefois se rattache le premier anneau de cette incommensurable chaîne de vexations ridicules et de calomnies atroces, qui ne s'est brusquement rompue, dix-huit mois après, en 1815, qu'à la porte du cimetière de Bordeaux et devant deux cadavres. Le double titre de vieux républicains et d'anciens généraux fit supposer aux royalistes, à tort ou à raison, que l'éveil donné au 118ᵉ sur la présence des Anglais était parti de la maison des frères Faucher. La supposition une fois admise, on chercha les moyens de la convertir en fait. Assailli de réclamations, inquiet pour ses troupes, lord Dalhousie écrivit à M. Lainé, qui avait accepté des mains du duc d'Angoulême les fonctions provisoires de préfet de la Gironde, une lettre confidentielle où il disait :

« ..... Mes avant-postes touchaient à peine à l'arrondissement de la Réole, qu'on a appelé mon attention sur deux officiers généraux qui parurent avec quelque énergie durant vos troubles politiques, et qu'on suppose avoir une grande influence dans cet arrondissement. Déjà les événements tendraient à le faire croire ; un parti de mes hussards a été hier, dans la nuit, culbuté sur la rive droite, et cependant le duc d'Angoulême doit entrer demain dans Bordeaux. La population n'est-elle donc pas unanime, et que faut-il penser? Je suis d'autant plus inquiet, que d'un moment à l'autre le maréchal Beresford peut être rappelé sur Toulouse par lord Wellington avec la majorité de nos troupes, et que je me trouverais obligé de répondre devant l'Europe, avec des forces insuffisantes, au milieu d'un pays suspect, de la personne de son altesse royale. J'obéis à un juste sentiment de sollicitude pour les intérêts de mon armée, comme pour la cause des Bourbons, en vous transmettant ces circonstances qui, etc.... »

Une communication si modérée n'aurait que médiocrement ému le préfet, quoique le royalisme n'eût pas toujours été son opinion, si l'état des affaires à Bordeaux eût été normal ; mais M. Lainé, d'un cœur honnête et d'un caractère ferme, ressemblait à lord Dalhousie : il croyait porter sur ses épaules tout le fardeau de la restauration naissante. Plus qu'un autre, par sa connaissance intime du département, M. Lainé, d'ailleurs, était homme à craindre le vieil ascendant des Faucher sur la population. Un incident particulier appelait encore sa circonspection administrative.

Quelques jours avant l'entrée du duc d'Angoulême à Bordeaux, une personne du département de la Gironde, plus habituellement domiciliée à Paris, y avait également paru. M. Y..., qui n'était pas Gascon pour rien, qui avait de l'esprit et le besoin très-légitime de faire son chemin, commençait assez bien par un voyage de Paris à Bordeaux au moment où le parti royaliste et la cause impériale se disputaient pied à pied ce terrain brûlant. Depuis cette époque, M. Y... a donné trop de gages aux idées libérales, il a trop souffert de persécutions niaises pour que le moindre doute puisse rester dans l'histoire sur ce voyage. Je suis persuadé qu'il était inoffensif ; mais M. Lainé n'ignorait pas que le voyageur tenait à la fois de près à deux hommes entre lesquels la direction des suprêmes instants de l'empire était l'objet d'une lutte acharnée. Voici quelle était l'origine des appréhensions du préfet de la Gironde.

En 1810, au retour de son gouvernement de Rome, Fouché envoya de Lyon à Paris M. Y. son homme de confiance, avec une mission domestique pour sa femme, la duchesse d'Otrante, qui était restée dans la capitale. M. le duc de Rovigo était alors ministre de la police, où il avait remplacé M. d'Otrante après sa disgrâce. On prétend que M. Y. vit le duc de Rovigo durant son séjour à Paris. Quoiqu'il en soit, à peine revenu chez l'ancien ministre, en Provence, dans la sénatorerie d'Aix, M. Y. le quitta subitement, une belle nuit, durant un bal, sans prendre congé du patron, et en laissant Fouché hors d'état de s'expliquer une telle disparition autrement que par une faiblesse bien commune chez les hommes, par l'ambition.

A la mémoire de ces circonstances, M. Lainé dut se faire naturellement deux questions : « Est-ce pour agrément? est-ce plutôt pour Savary ou pour Fouché que M. Y. vient aujourd'hui dans la Gironde? Si c'est pour agrément, la saison est mal choisie; si c'est pour le duc de Rovigo, il s'agit d'un intérêt napoléonien. Mais si par hasard, M. Y, s'était réconcilié avec le duc d'Otrante, comme la chute prochaine de l'empire a passagèrement réuni les Jacobins et Fouché, qui me répond que M. Y. ne vient pas aussi pour le compte de la république? Ceci admis, les frères Faucher étant incorrigibles dans leurs opinions radicales, comme notoirement accrédités depuis 93 dans la Gironde pour leur influence, M. Y. se sera tout d'abord mis dans leurs bonnes grâces, et le mouvement antibritannique de la Réole s'expliquerait par une manœuvre du duc d'Otrante, pour tenir M. de Talleyrand, Bonaparte et les royalistes en échec. » Ainsi raisonnait M. Lainé.

D'autres particularités, que l'historien impartial ne saurait taire, se joignaient à ces premiers doutes pour embarrasser encore le préfet de la Gironde. On a dit que Constantin Faucher fut condamné par contumace, du temps de la révolution, pour faux en écriture publique. De nos jours, M. de Bourrienne a prétendu même que M. Faucher n'échappa que par son secours à la vindicte des lois. A ce fait si grave, les preuves manquent; l'assertion de M. de Bourrienne est d'ailleurs rancuneuse; et puis, à une époque de révolution, il y a certains délits, tels surtout que le faux en écriture publique, lorsqu'il s'agit de passeports, par exemple, auxquels les circonstances donnent un caractère tout exceptionnel. Quel homme, pour se soustraire ou soustraire quelque condamné à la guillotine, dans le moment le plus implacable de la Terreur, n'eût pas volontiers falsifié une pièce de ce genre? Ce qui regarde César Faucher est plus sérieux, bien que tout aussi vague. Bourrienne, dont les paroles ont peu d'autorité historique, prétend que César fut attaché sous le consulat à la police secrète de Bonaparte. Ces hommes qui ont pris part à nos grandes luttes politiques, tel que M. Valentin de Lapelouze par exemple, démentent formellement cette assertion. Ce qu'il y a de vrai, c'est qu'en 1803, après avoir cessé les fonctions de membre du conseil général du département de la Gironde, César étant resté à Paris, se livra imprudemment à des spéculations qui dévorèrent une partie du patrimoine commun aux deux frères. Il est vrai encore que M. Faucher fut un des actionnaires de la banque territoriale, dont la faillite fut pour lui, comme pour beaucoup d'autres, une source de revers. Il est vrai enfin qu'à cette époque l'ancien général de brigade travaillait avec M. Maret auprès de Bonaparte. Nous en trouvons l'indice dans une correspondance poétique de M. de Martignac.

« Au général Faucher, *palais des consuls, pavillon de Flore.*

« Il y a une heure que je vous ai quitté, mon cher général, et je reviens vous trouver.

« Voici le fait : Je n'ai pas de nouvelles de Bordeaux. Je viens de chez madame Cazeaux, qui m'a renvoyé jusqu'au 18. Je suis épuisé par l'endroit le plus sensible, mon galant hôte ne veut plus me donner à dîner.

> Or, dîner, vous le savez bien,
> Est une chose indispensable.
> . . . .
> Un amant, quand il meurt de faim,
> N'est point un amant agréable.

« Vous, mon général, qui voulez que je sois aimable, vous me prêterez quelques-uns de vos moyens. Je ne suis pas exigeant : ce n'est pas vos moyens d'éloquence, ce n'est pas vos moyens de science, ce n'est pas vos moyens de plaire que je demande, c'est un peu de vos moyens d'existence. En style bourgeois, je vous prie d'avoir la bonté de m'avancer la petite somme de six louis, que je vous rendrai le 18, ou pour lesquels je vous donnerai un billet sur Bordeaux, à votre choix, etc.

« MARTIGNAC fils. »

Autre indice :

« Au général Faucher, au *palais consulaire*, à Paris.

..... O vous ! au Parnasse mon maître,
Mon général au champ d'honneur,
Mon voisin dans le lieu qui tous deux nous vit naître,
Et mon ami dans le fond de mon cœur;
C'est déjà la troisième lettre
Que dans l'espace de trois jours
Je vous adresse imprudemment peut-être;
Mais comptant sur votre secours,
J'ai, dans ces trois jours, eu l'honneur
De me rendre deux fois moi-même
Au palais où votre grandeur
A placé son trône suprême.
. . . .
Sans donc vouloir vous répéter
Mon instante et vive prière,
Je me contente d'ajouter
Que mon laid commissionnaire
Mérite confiance entière,
Et que sur lui l'on peut compter.

E. MARTIGNAC. »

Ces curieux billets effectivement semblent prouver d'abord que si M. de Martignac, ministre sous la restauration, ne dînait pas toujours sous le consulat, le général Faucher jouissait de l'intimité du premier consul et même d'un logement aux Tuileries. Il n'y a rien là que de fort honorable pour tout le monde. Mais, jusqu'à un certain point, les appréhensions de M. Lainé se trouvaient excusables. Le vase était plein : un nouvel épisode le fit déborder.

Dans la matinée du 11 mars, les deux frères, désespérés, croyant la Réole investie déjà, n'osant plus même ouvrir les fenêtres qui donnent sur le fleuve, dans la crainte d'apercevoir les habits rouges, se taisaient par orgueil national. Au bruit d'une fusillade qui se rapprochait de la ville, Anaïs parut inquiète. César tressaillit.

— Ce n'est rien, se hâta de dire la jeune fille en fermant les croisées de la maison du centre; un chasseur qui tire des *mûriers*.

— Tu crois? fit observer Constantin avec un sourire mélancolique.

— Voilà un feu de peloton? s'écria César.

— Mon oncle, prenez votre café.

Mais la pâleur de mademoiselle Faucher démentait son courage. A la fusillade plus rapprochée succéda bientôt un mélange de toutes sortes de rumeurs. Des cris de joie se croisaient dans l'air, un galop de cavalerie ébranlait le sol. Il se passait évidemment quelque chose d'étrange à la Réole. La petite nièce entr'ouvrit un volet.

— Qu'est-ce qu'on voit?

— Personne.

— Mais tu as peur.

Elle avait vu le drapeau blanc. César voulut regarder : la pauvre enfant le saisit dans ses bras et le supplia de n'en rien faire. Mais à l'instant même des acclamations significatives : *Vivent les Anglais! Vive le duc d'Angoulême! A bas Bonaparte! Mort aux Jacobins!* poussés à dessein dans la rue Lamar, apprirent trop clairement à cette famille toute romaine que le brave dépôt du 118ᵉ était *ramené* sur Marmande par lord Dalhousie.

II

On comprend ce que les deux frères durent souffrir à cette nouvelle. La situation militaire de Bordeaux, à partir du 12 mars, n'était pas encore de nature à rendre lord Dalhousie plus clément et les Faucher plus tranquilles. A l'est, le général Decaen, venant par la route de Périgueux, menaçait le duc d'Angoulême et la ville; tandis que Lhuillier, cantonné dans le nord du département, à Saint-Aubin, surveillait le fort de Blaye, dont la résistance, en se prolongeant, interdissait à l'armée britannique et aux royalistes la libre navigation de la Garonne. Bordeaux se trouvait en quelque sorte isolé au milieu du reste de la France. D'ailleurs, on ne recevait pas de nouvelles de Paris, et le maréchal Soult était entré dans Toulouse. M. Lainé se décida.

César Faucher ayant paru à Bordeaux sur la fin de mars pour des affaires privées, le préfet de la Gironde lui fit remettre, le 28, à domicile, l'*invitation* de ne pas quitter la ville, pour imposer silence aux calomniateurs.

« ..... Je cède, monsieur le préfet, à cette toute-puissante considération, écrivit sur-le-champ César à M. Lainé, et je vous donne ma parole d'homme, qui ne la fausse jamais, que je ne quitterai cette ville qu'alors que vous le trouverez bon. J'espère que cette caution couvrira mon frère actuellement à la Réole contre les coups d'une autorité trompée, et je le demande avec la noble confiance que m'inspire votre caractère connu. Je loge à l'hôtel des Ambassadeurs, et je n'en découcherai pas, etc. »

M. Lainé apprécia la loyauté de cette réponse; il remit à César la parole que lui engageait M. Faucher, et le voyageur ne resta plus à Bordeaux que pour tranquilliser le général anglais. César même en avait écrit à lord Dalhousie, il avait fixé son retour à la Réole au 5 avril, dans la nuit, lorsque, ce jour-là, se levant de table chez le restaurateur où il avait dîné, le voyageur aperçut six jeunes gens à cocardes blanches qui se dirigeaient vers lui dans la salle.

— N'êtes-vous pas M. Faucher de la Réole ? dit l'un d'eux à César.

— Oui, monsieur.

A peine cette réponse était faite, que les six

individus, dont l'un portait l'uniforme de volontaire royal, s'élancèrent sur César. Une courte lutte s'ensuivit. On voulait mettre M. Faucher à la porte de la salle.

— Nous te défendons de revenir dans cette maison, dit enfin le plus exaspéré des jeunes gens; il faut que tu quittes Bordeaux à l'instant même, et si demain on t'y retrouve, tu seras poignardé.

— C'est le moyen de m'y faire rester. Vos noms, messieurs?

— Tu ne les sauras pas.

— Je loge à l'hôtel des Ambassadeurs. Je vous attends demain tous les six.

— Quelle plaisanterie!

— Vous êtes des assassins et des lâches! vous déshonorez l'habit de volontaire royal. Je sors d'ici, mais c'est de mon plein gré. Demain, je resterai à Bordeaux ; demain encore, je viendrai dîner dans cette salle, et, si vous l'osez, on m'y poignardera.

Cependant la rumeur de cette scène s'était répandue dans la ville. La majorité du corps des volontaires royaux, trop honorable pour ne pas se révolter à l'idée de pareils excès, se porta à la préfecture. L'un des six jeunes gens, le provocateur ou celui qui prenait la parole, fut arrêté. Quelques heures après, César passant sur la place de la Comédie, M. de la Rochejacquelein se détacha d'un groupe de royalistes et vint avec empressement à sa rencontre.

— Vous êtes M. Faucher, de la Réole? dit le marquis.

— Oui, je suis César.

— Nous nous connaissons beaucoup sans nous être jamais vus. Nous avons tous les deux combattu dans la Vendée. Je suis la Rochejacquelein.

— Il me semble que nous avons marché sous des bannières différentes.

— C'est vrai, monsieur; mais, dans mon

opinion, il n'y a plus qu'un drapeau en France, la patrie.

M. de la Rochejacquelein et César Faucher, comme deux hommes de cœur, se serrèrent la main en présence de la foule ; mais que pouvait la noble démarche du marquis contre le fanatisme des uns et l'apathie des autres ! Justement le commodore Pemrose était tenu en échec à l'embouchure de la Gironde par une flottille que protégeait un vaisseau de guerre embossé sous le canon de Blaye ; l'avant-garde du général Decaen, commandée par Des Barreaux, avait paru sur les deux rives de la Dordogne, et la situation de lord Dalhousie commençait à devenir périlleuse. Ces nouvelles exaspéraient les royalistes. En quittant M. de la Rochejacquelein et à l'entrée de la rue Sainte-Catherine, César, traqué dans la ville, retomba au milieu de ses provocateurs.

— Tu es encore ici ! lui cria M. C... en pressant le pas.

—Qu'on ne t'y retrouve pas demain, ou sinon je me charge de ton affaire! ajouta M. M... avec un geste sinistre.

César se retourna, indigné; la nuit cachait la figure des nouveaux agresseurs de M. Faucher, qui, n'écoutant dans son courage que les plus généreux instincts, alla frapper à la porte d'un volontaire royal même et lui demanda sa protection. Avant minuit, il avait pu gagner l'hôtel des Ambassadeurs. Mais, là, une première mesure de réaction l'attendait. César trouva dans sa chambre un capitaine de la garde municipale, qui était porteur d'une lettre de M. Lynch, maire de Bordeaux. Ce billet disait en substance:

«... L'homme qui portait la parole, quand vous fûtes insulté chez le traiteur, est retenu à la préfecture. Je crois qu'il est de mon devoir, par équité, de vous mettre aux arrêts jusqu'à nouvel ordre dans votre domicile.»

M. Faucher, sacrifiant tout au maintien de

la tranquillité publique, donna récépissé de la lettre et promit d'obéir. Mais quand le capitaine eut le récépissé, il ajouta :

— Je vous préviens, monsieur, que les arrêts sont forcés.

— Expliquez-vous plus clairement.

— Je vous consigne à mon sergent, qui restera de planton cette nuit à la porte de votre chambre.

Cette mesure extraordinaire aurait un peu moins surpris César dans le cas où les circonstances eussent permis qu'il connût un épisode assez romanesque de la présence des Anglais à Bordeaux, qui avait lieu à l'instant même aux portes de la ville.

Vis-à-vis du port, à la Bastide, sur la rive droite de la Garonne et à l'endroit où un pont tournant remplaçait, en 1814, le magnifique pont de pierre qui fait maintenant l'orgueil de Bordeaux, et qui est pour la cité gasconne le meilleur fruit de la restauration, habitait à cette époque un personnage trop intéressant et d'ailleurs trop lié, comme on le verra bientôt, aux incidents actuels de mon récit, pour que je ne m'arrête pas quelques moments à le dépeindre.

Si, par un des automnes chauds et vigoureux qui dorent le raisin du Médoc, pendant le mois de septembre, à l'aube des journées méridionales, le hasard vous eût conduit, mon ami, dans les rues qui avoisinent le fort du Hâ, vos regards se seraient oubliés à la contemplation d'une figure qui offrait alors les types confondus de Sancho et de Falstaff. A cette heure matinale, parmi les cuisinières et les gourmands que les plaisirs de la bouche convoquaient à l'affût des primeurs, on voyait gesticuler un homme destiné par les événements à transporter, pour la restauration, l'art de manger dans la politique.

La face joviale et bien remplie, le gilet croisé de drap commun, mais irréprochablement net et boutonné, le col immense d'une chemise en toile un peu grossière et même écrue, l'habit d'une coupe inusitée ou du moins perdue, un pantalon de velours brun-noir qui ne fut jamais tenaillé par la bretelle, des boucles d'argent massif et carrées sur un soulier de paysan, au doigt annulaire de la main gauche la plus jolie topaze, des bas de fil blanc rayés de bleu, une chevelure grisonnante qui fuyait en brosse pour se relever avec coquetterie au sommet de la tête, et finalement descendre au-dessous de la nuque en queue de taffetas, deux bagues chinoises en pendants d'oreilles, le rire facile et lent, les dents saines, l'œil à fleur de tête, les mains grassouillettes et l'abdomen centrifuge : tel se montrait M. Lamoureux, naguère chef dans les offices de la Compagnie des Indes, à Calcutta.

Embarqué sur un navire de Marseille jeune encore, vers la fin du dix-huitième siècle, mais avant 93, en qualité de médecin, M. Lamoureux, Provençal en outre et homme d'esprit, imita ce Romain célèbre qui, parti du Capitole simple magistrat consulaire, se révéla tout à coup en Cappadoce général du plus haut mérite : il avait appris la guerre dans la traversée. M. Lamoureux appris de même la cuisine et fit sur les bords du Gange, à son arrivée, une petite fortune aux dépens de l'estomac des Anglais, qu'il se proposait d'abord de guérir. La restauration de 1814 le trouvait établi rentier à Bordeaux, où les grandeurs de l'empire n'avaient jamais pu le réconcilier avec l'ordre de choses nouveau qui s'était formé durant son absence. On pouvait excuser ce travers dans un homme dont les mœurs orientales et le drapeau britannique avaient préoccupé l'imagination presque toute sa vie. Aussi l'entrée du duc d'Angoulême au 12 mars fut-elle pour l'ancien cuisinier d'un effet inexprimable, et c'est pour inaugurer le retour des Bourbons à sa manière que, le mercredi 6 avril, à l'instant même où César était consigné dans sa chambre par le maire, M. Lamoureux donnait un déjeuner de vieux garçon, un repas d'artiste, aux plus jolies et aux plus royalistes femmes de Bordeaux.

Je dirai tout de suite que les déjeuners de M. Lamoureux, par son âge et par sa position, ne compromettaient personne. Le cuisinier était fort innocemment la coqueluche de ces dames. En tout temps, et politique à part, on allait chez lui manger quelque fruit rare, des compotes et des gelées dont il avait rapporté la recette avec ses opinions du climat heureux où poussent la bayadère et le giroffle. Mais il est facile de comprendre que l'émotion répandue depuis la veille dans Bordeaux, en conséquence des scènes violentes dont M. Faucher avait été victime, ajoutait à l'intérêt de cette réunion aussi gourmande que passionnée.

— Fermer la Réole au général Dalhousie, mesdames, quelle trahison! s'écriait naïvement Lamoureux.

— Nos rois légitimes, lui répondait-on de

toutes parts, font au moins de l'honneur à la cuisine française, tandis que Bonaparte dînait en cinq minutes.

— C'est qu'il est usurpateur.

Ces propos se tenaient devant une longue table rectangulaire qui supportait pêle-mêle les pots, les cruchons, les dames-jeannes, les terrines, les cloyères, les bourriches et les jarres, outils et armoiries du maître de la maison en des fauteuils antiques de jonc crois-tressé. Le fanatisme des aimables convives sait avec les prévenances de l'amphitryon. Aux créoles de Pondichéry, cet homme d'état passait le calalou natal, le brûlant cari indien et des conserves au piment; il versait le chocolat aux Espagnoles, et bourrait de choucroûte les Allemandes ; mille variétés de pudding circulaient parmi les Anglaises; aux jeunes filles brunes le solitaire présentait discrètement une soucoupe de gimgembre cuit au sirop et un verre de madère sec; aux douairières blondes, il servait uu flacon de Barsac et une brochette de grives. On ne sentait enfin ce matin-là dans son cottage que vanille, muscade, lèchefrite, primeur ou marée, et ce qu'il y a de singulier, c'est que tout cela sentait bon. Si quelque Chinoise royaliste, par impossible, fût tombée au milieu de ce cénacle, M. Lamoureux, nullement déconcerté, lui aurait offert un nid d'hirondelle sur un plateau en porcelaine du Japon.

Qu'on se figure maintenant ce groupe de séduisantes femmes, un peu surexcité par l'ambigu du cuisinier politique, repassant la Garonne avec de gros bouquets de jacinthe blanche, qui est une liliacée, remplissant plus que jamais Bordeaux de sympathies, de cocardes, de romances et d'intrigues en faveur de la restauration ! Le maire dut en perdre la tête; c'était le plan de Lamoureux. Ce maire, M. Lynch, distribuant les drapeaux à la garde nationale, avait dit le 1er mars :

— Les enseignes de l'empire guideront nos

frères dans la poursuite des téméraires qui ont tenté d'envahir notre territoire. La voix de *votre auguste souverain* vous appelle à défendre vos murs. S'ils étaient en danger, vous me verriez à votre tête donner l'exemple du dévouement.

Quelques jours après, le 12 courant, il était forcé de dire aux mêmes Bordelais :

—... Les Anglais se sont réunis dans le Midi, comme d'autres peuples au Nord, pour détruire le *fléau des nations* et le remplacer par un monarque père du peuple. Ce n'est même que par lui que nous pouvons apaiser le ressentiment d'une nation voisine contre laquelle nous avait lancés le despotisme le plus perfide.

M. Lynch était d'ailleurs un homme bienveillant. Les excès de Bordeaux ne furent pas son ouvrage. Il parut inquiet du surcroît d'enthousiasme des femmes de la ville au point d'oublier complétement le soldat de planton qui veillait à la porte de César. En voulant sortir le matin, M. Faucher trouva le garde municipal fort embarrassé d'une faction qui ne se terminait pas. Le prisonnier écrivit sur-le-champ à M. Lynch de rendre la liberté à M. C..., son provocateur de la veille, pour qu'on n'eût pas plus longtemps la raison de l'ôter à lui-même, et qu'après avoir levé la consigne du planton, il lui donnât au moins un quart d'heure d'audience. M. Lynch, dont la position devenait de plus en plus difficile, eut la prudence de ne pas lever les arrêts de César, mais il vint lui-même à l'hôtel des Ambassadeurs et se fit ouvrir la chambre de M. Faucher.

— Ah! monsieur, s'écria le maire de Bordeaux en tombant assis sur une chaise, quel affreux guet-apens! Mais le gouvernement de Son Altesse Royale vous rendra justice.

— Il faudrait pour cela que le duc fût maître de la ville, et ce sont les Anglais qui règnent ici. Je sais, monsieur, que le duc d'Angoulême a très-certainement les intentions les plus pacifiques, et son caractère, secondant les institutions qu'il nous promet, nous assure un bien-être social que nous avons à peine espéré dans nos rêves philanthropiques. Mais il faut passer d'un régime à l'autre. Dans cette transition de l'ancienne loi à la nouvelle, les néophytes de la doctrine qui s'élève croient mériter des palmes en infligeant le martyre à ceux qui ont prié dans le bréviaire de la révolution. Ils ne craignent pas de se tromper dans le choix des victimes, ils égorgent sans écouter et disent comme un personnage trop célèbre : « Frappons toujours : Dieu distinguera les siens. »

— Vous êtes exclusif, monsieur César, reprit le comte Lynch fort affecté : je ne défends pas vos adversaires, mais leur fanatisme est logique. Récapitulez un peu les vicissitudes de Bordeaux depuis vingt-cinq ans. Bordeaux a tout perdu dans la révolution. Sa décadence a commencé par la ruine de Saint-Domingue; le système continental a fait le reste. Notre population, d'ailleurs s'est particulièrement recrutée depuis le directoire, des débris des familles de l'ancien régime épars aux colonies ou chassés par la guerre de la Péninsule. Le roi Charles y compte une grande partie des personnes de sa cour, qui ont voulu partager son exil. Et puis la conduite de Napoléon à l'égard de M. Lainé a presque justifié la désaffection de Bordeaux. Vous voyez donc que rien n'est plus de circonstance que le triomphe de nos souverains légitimes. Aussi ne souffrirons-nous pas qu'il soit flétri, et, pour ma part, si j'ai relâché M. C..., dont le procédé fut bien répréhensible, c'est uniquement sur votre demande.

— Ma demande était conforme au caractère de toute ma vie: du patriotisme, toujours; mais de l'oppression, jamais!

— Le duc d'Angoulême n'ignore pas que vous avez porté le deuil de Louis XVI dans un moment où de pareilles manifestations étaient un arrêt de mort; et que, le 21 janvier même, indigné du supplice du roi, vous êtes parti comme volontaire pour l'armée de Rhin et Moselle. Ce sont là des titres qui honorent les hommes de toutes les opinions.

— Je n'ai fait, Monsieur le comte, que mon devoir. Mais, puisque M. C... est libre, mon arrestation devient superflue. Si l'on retirait cette sentinelle?...

— Oui, mais à condition que vous quitterez Bordeaux sur-le-champ.

— Vous croyez peut-être que je serai moins dangereux à la Réole. Je vous préviens cependant que mon frère et moi nous avons refusé de souscrire au bal offert aux Anglais, et que ce refus nous a rendus bien suspects.

— Raison de plus pour que vous quittiez Bordeaux.

— Je suis un vieux soldat. Vous m'accorderez bien vingt-quatre heures, pour que mon départ ne ressemble pas à une fuite ?

— Pas seulement cinq minutes.

— Mais enfin, pourquoi ?

Le comte Lynch et César Faucher entamèrent alors une longue conversation, où il y eut tant de loyauté d'une part et tant de noblesse de l'autre, que le maire de Bordeaux demanda lui-même jusqu'au soir pour référer les vœux du prisonnier au duc d'Angoulême en personne.

Mais dans l'intervalle le résultat du déjeuner politique de M. Lamoureux avait encore grandi. On sait que les émigrés de la légion de Condé portaient au bras une écharpe blanche. A l'imitation de ce signe de ralliement, la duchesse d'Angoulême, dans la réception des députés de Bordeaux à Harwell, avait elle-même tout récemment attaché à leur bras aussi une écharpe. Il n'en fallut pas davantage pour faire naître l'idée d'une décoration spéciale aux Bordelais. Telle fut l'origine de l'ordre du *Brassard*. Il ne pouvait d'ailleurs être porté qu'avec le costume militaire. Après son entrée à Paris, Louis XVIII autorisa ceux qui en avaient reçu le brevet à remplacer l'écharpe par une décoration suspendue à la boutonnière au moyen d'un ruban vert avec un liséré blanc. Elle consistait en un médaillon d'émail à rayons d'or surmonté de la couronne royale.

Ce médaillon était de plus orné sur les deux faces du chiffre du roi, ciselé sur un fond blanc et entouré d'une jarretière aussi verte, qui portait ces mots : *Bordeaux, douze mars* 1814. En avril, toutefois, l'écharpe seule dominait encore. Avant de se séparer, les jolies convives de la Bastide résolurent à l'unanimité que désormais tout brassard quelconque serait brodé de leurs blanches mains, et que du déjeuner pittoresque de Lamoureux, afin de plaire au bon vieillard, daterait au moins cette concurrence originale qui allait se poursuivre contre les mercières de Bordeaux. Une mesure puérile et frivole en apparence concentra bientôt entre les doigts des femmes à la mode dans la ville, les ressources sentimentales d'action sur l'esprit des hommes, et, seulement pour obtenir une écharpe, on se fit dorénavant inscrire avec enthousiasme sur les contrôles des volontaires royaux. M. Lainé cherchait à s'expliquer par des événements politiques ce surcroît imprévu de fanatisme dans la jeunesse dorée de la Gironde, lorsque le retour du maire et la prétention de César augmentèrent au dernier point ses perplexités.

Rien de plus piquant, mon ami, que l'entretien confidentiel qui eut lieu dans la journée du jeudi 7 avril à ce sujet entre le duc, le préfet et M. Lynch. Ces trois personnes souhaitaient de bon cœur que la clémence fût possible; mais, avec de la clémence, pas de restauration. Le duc d'Angoulême, encore sous l'impression de l'escarmouche de Saint Macaire, ne voyait pas sans inquiétude le général de brigade retourner vers son frère. Déjà lord Dalhousie avait passé la Dordogne afin de prendre le fort de Blaye à revers. Parvenu dans la plaine des

Étauliers, il y trouva réunies les troupes du général Lhuillier et l'avant-garde du général Decaen. Un engagement vif, mais indécis, permit toutefois aux Anglais de serrer de plus près Blaye. Cependant le fort tenait toujours; on y accueillait les bombes du commodore Pemrose aux cris de *Vive l'empereur !* Dans cet état de choses, il semblait avec raison à M. Lynch et à M. Lainé, plus désirable que l'intervention britannique fût moins ostensible et la soumission de la Gironde moins belliqueusement poursuivie. C'est sous ce rapport qu'animés de la même bienveillance que M. de la Rochejacquelein, ils n'hésitèrent pas à dérouler longuement sous les regards du prince la vie publique des frères Faucher depuis vingt-cinq ans, et à révéler dans le conseil même d'un Bourbon les services rendus à sa cause par ces citoyens aux jours de danger. M. Lainé surtout fut éloquent. Je l'ai même entendu dire, il y a quelques années, dans le salon où mourut cet homme estimable, cité d'Orléans, rue Saint-Lazare, et où ses traits fatigués se ranimaient encore au souvenir de nos temps d'orage, je l'ai entendu dire que ce fut là un des moments les plus laborieux de son existence politique déjà si bien remplie. Mais le duc d'Angoulême ne céda pas. M. Lynch revint tout abattu à l'hôtel des Ambassadeurs dans l'après-midi.

— Eh bien! Monsieur Faucher, dit-il à César, je ne m'étais pas trompé! Son Altesse Royale vous exile de Bordeaux. J'ai promis que le factionnaire ne quitterait cette porte qu'après votre départ.

— On a donc bien peur de moi, ou bien besoin des autres? répliqua César en souriant.

— Tout ce que je puis faire pour vous, ajouta le maire de Bordeaux, qui ne répondit pas à cette observation, c'est de rédiger l'ordre de partir de la manière qui vous sera le moins pénible.

— C'est toujours cela.

M. Lynch s'assit à une table dans la chambre de son prisonnier, rédigea lui-même l'ordre; mais sur le point de le signer, ce magistrat, qui était trop compromis dans la situation nouvelle de Bordeaux pour prendre sur lui la responsabilité la plus légère, se rappela combien la présence de M. Y... tourmentait M. Lainé, et, craignant que sa rédaction fût encore trop favorable au parti révolutionnaire dans ce moment, voulut humblement la soumettre au préfet, ainsi qu'au duc d'Angoulême. Il reprit aussitôt le chemin de la préfecture, et l'ordre ne fut renvoyé à César que dans la soirée par un valet de ville. Durant cet intervalle, l'honneur du vieux militaire de la république, livré à lui-même dans une chambre de dix pieds carrés, s'émut plus que jamais à la pensée d'une incarcération préventive qui menaçait de se convertir en détention absolue. M. Faucher profita du retour du domestique vers son maître pour le charger, à l'adresse de M. Lynch, de ses nouvelles observations :

« ... J'obéirai, Monsieur le maire, mais je vous ferai observer que toutes les convenances seraient sauvées si j'avais la faculté de ne partir que par la marée de quatre heures, demain vendredi 8, dans l'après-midi. Je pourrais alors dîner dans ce même restaurant dont quelques cerveaux brûlés ont voulu me défendre la porte, et passer dans cette même rue Sainte Catherine où ils m'ont répété leurs menaces d'assassinat. Enfin je ne quitterais pas Bordeaux comme un proscrit ou comme un fugitif. Il ne peut être dans l'intention des dépositaires provisoires de l'autorité de me donner cette couleur. Mais rien de plus facile, au reste, que d'éviter un fâcheux événement. Faites appeler C... et M..., et défendez-leur tout attentat, plus redoutable, au demeurant, pour eux que pour moi, car je vous déclare que je marcherai armé toute la matinée de demain. Je ne veux certainement pas augmenter vos embarras, mais vous êtes, Monsieur le comte, trop bon juge de l'honneur pour ne pas applaudir aux scrupules de ma délicatesse. D'ailleurs, si j'agissais différemment, mon frère et moi ne mériterions pas les choses flatteuses que le prince vous a dites ce soir sur notre compte, etc. »

Ce fut en vain. Quoique M. Y... fût reparti, les menaçantes fortifications dont s'enveloppait le maréchal Soult à Toulouse n'étaient pas de nature à rassurer M. Lainé. Dans la matinée du vendredi, M. Lynch envoya un homme de confiance à César pour lui dire que tout changement aux premières résolutions du duc d'Angoulême était impossible. César écrivit à l'instant même au préfet : « Lorsque le courant porte sur des brisants, il faut bien louvoyer entre les écueils, et tout passager doit aider à la manœuvre. » Après avoir cacheté cette dernière lettre, M. Faucher arma un pistolet, le mit dans sa poche, et se tournant vers le capitaine de la garde municipale et le soldat qui surveillaient sa porte, il leur dit :

— Le bateau est-il prêt ?

— Oui, Monsieur.

— Partons !

On traversa la ville au milieu d'une population encore frémissante. Il était de fort bonne heure; cette circonstance prévint les accidents. Comme M. Faucher montait dans le bateau qui l'attendait, une fenêtre s'ouvrit dans les premières maisons de la Bastide, au bord du fleuve. Là, depuis la pointe du jour, à cette croisée, veillait un habitant riverain, à la fois plein d'impatience et de curiosité. Les yeux braqués sur le verre d'une vieille lunette marine, il épiait les mouvements du bateau, il paraissait aussi préoccupé de son départ que les autorités bordelaises. Vous l'avez déjà nommé, mon ami. C'était Lamoureux.

Partagé entre ses sympathies pour la cause

royale et son horreur pour la guerre civile, à la nouvelle du conflit dont M. Faucher avait failli être victime, le bon vieillard s'était donné beaucoup de mouvement auprès de ses convives de la veille pour obtenir la délivrance de César. Quoique de fort loin, il n'était pas étranger, par l'intermédiaire des femmes, à la résolution prise par le maire et le préfet. Bientôt la figure de l'homme qui s'embarquait ne lui laissa plus de doute sur le succès de ses démarches.

Quelques semaines après le retour de M. César à la Réole, je passais moi-même à Bordeaux, envoyé par le gouvernement provisoire avec une mission secrète pour la cour d'Espagne. Les vicissitudes de ma carrière, si variées sous l'empire, m'avaient tenu longtemps hors de mon pays. Il eût été difficile de choisir un moment plus favorable pour le revoir. Comme j'étais voisin de campagne de MM. Faucher et de plus une de leurs anciennes relations de Paris avant mon départ pour l'Allemagne, une visite me parut, dans la situation politique où ils se trouvaient, aussi obligatoire que désintéressée. Ce sont deces égards que comprenait Talleyrand, et j'étais bien sûr de ne pas lui déplaire.

Une profonde solitude entourait *la forteresse* de la rue Lamar. Tandis que la petite ville se livrait à toute l'allégresse méridionale d'une réaction monarchique, l'îlet des cinq maisons restait plongé dans le silence ; pas une fenêtre ne s'ouvrait dans la journée, crainte de voir des habits rouges. Le duc d'Angoulême était bien parti pour Toulouse, mais l'armée britannique descendait par détachements, sur des bateaux, du Languedoc vers la mer, où elle s'embarquait pour la Grande-Bretagne, et, à chaque instant, la Garonne offrait la perspective de ces flottes victorieuses aux habitations riveraines. Malgré la signature du traité de paix, les frères Faucher n'étaient pas soulagés de leur tristesse. On me reçut cordialement, mais avec la froideur inséparable d'un découragement amer.

— Nous sommes perdus, me dit le soir même César en se promenant avec moi dans le jardin; nous sommes perdus : je le sais parfaitement. Au delà de cette enceinte (il montrait le mur du jardin) veillent des ennemis acharnés, que de misérables questions d'intérêt privé ont ligués depuis la république contre nous, et qui n'attendent que le moment de nos perdre. M. Lainé et M. Lynchu nous ont couverts au mois d'avril ; mais ces hommes de bon sens ne seront pas toujours à Bordeaux ; la faveur du roi les appelle à Paris ; c'est à leurs successeurs que nous aurons affaire.

— Vos craintes sont exagérées, lui répondis-je. Louis XVIII n'est pas hostile personnellement à la révolution, pourvu que les révolutionnaires s'absorbent dans le nouveau régime.

Il y a des régicides qui vivent fort tranquilles à Paris.

— Mais ce que j'en dis, reprit M. Faucher avec le sourire fin de l'homme à la fois résolu et désespéré, ce n'est pas pour moi, c'est pour la jeune famille qui est devenue la nôtre. Vous êtes à l'entrée de la vie, vous n'avez encore assisté qu'aux funérailles d'un empire ; vous ne savez pas, vicomte, ce que c'est qu'une révolution. Si les persécutions commencent, ma pauvre Anaïs, mes neveux Bruno, Casimir et Gustave, se verront désormais compromis dans le monde. Plus de mariage possible ; toutes les carrières seront fermées ! Croyez-vous qu'à mon âge de telles pensées ne soient pas tristes ?

— Vous avez des amis. L'heure du fanatisme est passée. Le congrès de Vienne...

— Écoutez ! Il y a précisément aujourd'hui quatorze années, je me trouvais dans le salon de madame de Fontanes. Cette femme d'esprit avait pour oncle un vieux jésuite qui te-

naît dans sa tête toute la doctrine de la *Société.*
Le père M... avait vu la réaction thermidorienne
à Lyon. « En plein midi, me disait-il, on égorgeait dans les places publiques ceux qu'on *présumait* complices des excès de 1793. — Mais comment, lui répliquai-je, légitimiez-vous aux yeux de la religion et de la morale ces assassinats officiels ? — Rien de plus facile, reprenait le père : traqués dans les maisons, ces hommes fuyaient dans la rue ; le premier venu les y poignardait. Alors le magistrat était appelé, et on déclarait et le procès-verbal constatait que le corps était celui d'un *tel*, voleur, qui, surpris en flagrant délit, s'était suicidé pour échapper au supplice. Ce sont des fraudes pieuses commandées par la morale des gouvernements et même par la morale publique ; ces exécutions le sont d'ailleurs par la raison d'état. Mon enfant, cela vous paraît étrange sans doute ; mais vous apprendrez plus tard qu'en politique il faut tou-

jours se hâter de commencer les hostilités ; elles prononcent les partis, préviennent les transactions, recrutent la milice nouvelle de tous les gens timides. Cet état de conflagration factice motive les mesures vigoureuses qui restent dans les institutions quand le calme est revenu, et remettent pour un temps le peuple entre les mains de ses chefs. » Ainsi parlait mon jésuite, continua César d'une voix émue. De cette doctrine admirable à ce qui m'est arrivé au mois d'avril, vous conviendrez qu'il n'y a pas très-loin, et comme les jésuites sont rentrés par la porte de la restauration...

— Assez, lui dis-je vivement. Il se fait tard ; rentrons nous-mêmes dans la maison.

Nous trouvâmes Constantin assis devant une table et méditant sur les lignes faciales d'un buste en plâtre où étaient marquées les saillies phrénologiques d'après le système de Gall, alors fort à la mode. Jamais la différence des caractères des deux jumeaux ne m'avait plus frappé. L'un, sérieux, concentré, rêveur même, avec plus de circonspection et de sang-froid : c'était Constantin ; l'autre, vif, mobile, impatient, avec plus d'activité et d'entregent : c'était César. La préoccupation de son frère vis-à-vis du buste en plâtre me surprit.

—Quand nous avons un sujet commun d'affliction, reprit alors César, il est alors impossible à mon frère de ne pas se rappeler une circonstance assez curieuse de notre dernier séjour à Paris. En 1809, rue de la Chaussée-d'Antin, le docteur Gall dînait avec nous chez un ami. Émerveillés de sa science, nous résolûmes, mon frère et moi, de soumettre nos crânes à son inspection. On coupa même nos cheveux au ras de la peau. Gall remplit ensuite son office avec la plus minutieuse exactitude et nous déclara que tous deux nous devions mourir ensemble le même jour. Assurément, je ne suis pas superstitieux, mais le talent de Gall est si admirable, et Constantin croit tellement à la phrénologie, qu'une pareille circonstance a pu laisser un souvenir pénible dans la mémoire de mon frère.

— Quand vous reverrai-je ? lui dis-je en prenant congé de la famille.

— Je ne sais trop, me répondit César : nous irons cet hiver à Paris et vous passez en Espagne. Il est impossible de se mieux tourner le dos. Par le temps qui court, est-on jamais certain de se revoir ? Au surplus, le duc et la duchesse d'Angoulême ont promis de faire une visite aux Bordelais le printemps prochain. Ce voyage peut amener des scènes fâcheuses pour notre repos. Je ne crois pas qu'à cette époque, si vous revenez de Madrid, vous nous trouviez encore à la Réole.

On ne pouvait mieux prédire. Une entrevue avec M. de Martignac au mois d'octobre, démarche purement amicale, était néanmoins une occasion pour les deux frères de ramener l'esprit de leurs compatriotes. Elle s'accordait avec le caractère bienveillant de **M.** de Martignac. Mais les Faucher n'étaient pas hommes à transiger. Loin de la saisir, ils quittèrent la Réole après les vendanges. Je ne dissimulerai pas tout ce qu'avait d'entraînant pour de tels cœurs le mouvement bonapartiste qui s'organisait dans l'ombre à Paris. N'était-ce pas la conspiration de la France entière ? Ainsi se préparait la catastrophe de leur mort, entre les fautes de la restauration et celles de l'empire.

III

Napoléon, porté du golfe Juan aux Tuileries par l'enthousiasme du peuple, avait nommé le général Clauzel, le 22 *mars* 1815, au gouvernement de la onzième division militaire, dont Bordeaux était le chef-lieu. Le 24 mars le général Clauzel, qui n'avait pas encore officiellement accepté, se rendit chez le ministre de la guerre, le prince d'Eckmülh. Dans ce moment Davoust recevait le général Dupont-Chaumont (frère du comte Dupont, de Baylen), qui, le 11 septembre de la même année, au deuxième retour de Louis XVIII, présida le conseil de guerre où Clauzel fut condamné à mort par contumace. Le ministre causait avec M. Dupont-Chaumont dans l'embrasure de la fenêtre du salon qui est la plus voisine du cabinet de travail, lorsque l'huissier de service annonça M. Clauzel.

— Eh bien! lui dit Davoust en l'apercevant, allez-vous à Bordeaux? Le choix de S. M. n'est pas seulement une faveur, c'est aussi une nécessité. Vous avez fait la campagne de 1814, vous étiez à Saint-Gaudens et à Toulouse, vous êtes même, si je ne me trompe, Languedocien; personne, dans nos généraux de division, ne doit connaître mieux la guerre du Midi que vous. Il est question d'organiser une armée d'observation, dite des Pyrénées-Occidentales, pour surveiller la frontière d'Espagne. D'ailleurs le mouvement royaliste du 12 mars a rendu Bordeaux désormais une ville tout à fait politique. Vous n'ignorez pas que les frères Faucher, de la Réole, pour avoir voulu défendre la rive droite de la Garonne contre les troupes de Beresford, ont failli être massacrés, il y a un an, par le peuple de Bordeaux. Ce département nous inquiète beaucoup. Il est même probable que vous y rencontrerez encore la duchesse d'Augoulême. Je ne vous offre pas seulement un caporal; rien ne me serait plus impossible. C'est à vous de rentrer dans Bordeaux par l'unique autorité de vos fonctions nouvelles, en ne vous appuyant pour prestige que sur la force morale du retour de l'empereur. Je vous permets cependant de rallier à votre drapeau tous les gendarmes qu'on ne manquera pas d'envoyer contre vous; dans le cas où le passage de la Dordogne serait libre, vous trouverez un bataillon du 62ᵉ à Blaye. Faites des miracles, général, mais surtout partez vite.

— Avant de répondre à votre Excellence, je lui adresserai trois questions.

— Parlez, reprit vivement Davoust.

— Le roi Louis XVIII est-il hors du territoire français? Comme ministre de Napoléon, en êtes-vous officiellement certain? L'autorité de l'empereur est-elle reconnue sur les deux rives de la Loire et dans les départements que je traverserai pour me rendre dans la onzième division?

— Oui, oui, mille fois oui! s'écria le maréchal, que la gravité des circonstances préoccupait au dernier point. Une dépêche télégraphique est parvenue au gouvernement ce matin même. Le roi Louis XVIII est sorti de France hier à quatre heures de l'après-midi, par la route de Lille en Belgique; le duc d'Orléans a dégagé sur-le-champ par une lettre le maréchal Mortier des ordres qu'il lui avait transmis, comme chef suprême des troupes réunies dans le département du Nord, et le pavillon tricolore maintenant flotte sur Calais, Dunkerque, Lille, Arras, Valenciennes et Condé. J'ai reçu la nuit dernière le rapport du général Pajol, qui commande à Orléans : Napoléon est reconnu partout dans le Loiret. Les proclamations de l'empereur arriveront ce matin dans le Poitou. On assure déjà que le duc de Bourbon s'est embarqué à Nantes. Enfin la Bretagne, et Rennes en particulier, font preuve du plus vif enthousiasme. Que voulez-vous de plus?

— Puisqu'il en est ainsi, Votre Excellence peut me donner ses ordres : je pars demain.

— M. Clauzel, dit le général Dupont-Chaumont, en traversant la Loire, vous m'obligeriez de rechercher mon frère, qu'on suppose retiré dans une maison de campagne au bord du fleuve, de l'inviter en mon nom à revenir dans Paris, et de le prévenir que son affaire est arrangée. Faites-lui dire que la cause des Bourbons est regardée comme perdue.

— Si de bons renseignements me mettent sur ses traces, général, vous pouvez compter sur moi.

Retenez les termes et la date de cet entretien historique, mon ami : plus tard ils nous serviront. Lorsque, enfin, la nouvelle du départ de Clauzel fut annoncée dans le *Moniteur* du 26, les Faucher craignirent avec raison, non plus pour eux-mêmes (l'espérance de la liberté absorbait alors leurs pressentiments), mais bien pour le chef-lieu du département de la Gironde, si compromis dans la première restauration. La fougueuse harangue de M. Lainé, qui était parti pour Bordeaux en prononçant la clôture des travaux parlementaires de la Chambre, et le placard du style de M. Y... affiché dès le 20 mars dans les rues de Paris contre les royalistes, n'étaient pas assurément des circonstances faites pour les rassurer sur la modération politique de leurs compatriotes. Ensuite la position particulière de M. Clauzel, vis-à-vis des Bourbons, rendait le choix de Napoléon très-risqué. Clauzel avait été nommé par la restauration chevalier de Saint-Louis le 1er juin 1814, grand-officier de la Légion d'honneur le 23 août, comte le 31 décembre, grand'croix de la Légion d'honneur le 14 février 1815, et enfin inspecteur général d'infanterie quelques jours avant le retour de l'empereur. Peu d'hommes de la vieille armée avaient donc été plus l'objet des faveurs de Louis XVIII. D'ailleurs, ce qui était plus grave, c'est que depuis le 5 mars le duc et la duchesse d'Angoulême étaient à Bordeaux. Quel que fût l'esprit conciliateur du général Clauzel, toujours est-il que le choix de ce chef militaire et la présence des deux membres de la famille royale à Bordeaux, pouvaient amener une réaction déplorable au sein d'une ville exaltée. On voit que la nature des événements pressait Constantin et César de quitter Paris, surtout depuis que les persécutions de 1814 leur faisaient un point d'honneur de se retrouver au moment du péril, sur les lieux témoins des excès du parti royaliste.

Mais, d'un autre côté, les promesses libérales dont Napoléon n'était pas avare depuis son retour, et auxquelles même les Faucher se laissaient prendre, conseillaient aux deux frères de prolonger leur séjour à Paris afin d'en hâter pour leur part le prochain accomplissement. Liés avec le duc de Bassano, ils étaient de ces réunions orageuses et patriotiques où l'on s'efforçait de plier Napoléon à l'idée d'une charte et qui n'aboutirent qu'au faux-fuyant de l'acte additionnel. Et puis la situation alarmante de Bordeaux elle-même, leur imposait la nécessité de ne reparaître sur la terre natale que revêtus d'un caractère public assez fort pour maîtriser l'opinion rebelle. Il avait été question déjà de leur confier des fonctions élevées. Autant de motifs pour éloigner forcément de quelques semaines l'époque de leur retour dans la Gironde. Une circonstance capitale, qui fut ensuite une des charges de leur procès et dont la fatalité se rattache à l'entrée de Clauzel dans Bordeaux, vint rendre leur présence à la Réole à la fois plus indispensable et plus compromettante.

On sait qu'une des particularités les plus fantastiques de la révolution du 20 mars 1815, fut notamment la subite réapparition des couleurs nationales, qui, se propageant dans toute la France, *de clocher en clocher,* firent d'un changement de pavillon l'entière métamorphose du pouvoir. Tandis que ce pittoresque effet de toilette avait lieu à la lance de tous les drapeaux déployés sur la surface du pays, un immense étendard à fond blanc fleurdelisé flottait sur le donjon du château Trompette, au bord de la rivière, à Bordeaux, comme si la présence de la fille des rois donnait plus d'importance à ces enseignes politiques d'une dynastie. C'est en ne quittant pas des yeux l'emblême cher à son enfance que le bon Lamoureux, de l'autre côté du fleuve, dans sa maison de la Bastide, se faisait illusion depuis quinze jours sur le débarquement de Bonaparte, et mesurait toujours la solidité des Bourbons à l'ampleur des plis que l'étendard livrait avec orgueil aux vents. Tranquille sur le *haut pays*, où l'absence des Faucher tempérait le mouvement réacteur, il ne l'était pas autant sur l'*Entre-Deux-Mers* et le *Bec-d'Ambès*, où la fidélité plus que douteuse de la garnison de Blaye tenait les esprits en suspens. Dans son trouble, notre cuisinier avait interrompu les déjeuners royalistes ; les femmes, d'ailleurs, n'osaient plus traverser la Garonne, dont les rives frémissaient d'une sorte d'émotion militaire. Assis devant sa porte, sur la route de Paris, il interrogeait tous les passants, recueillait tous les bruits, commentait toutes les nouvelles ; puis, reportant la vue sur le cher drapeau, Lamoureux disait, comme Galilée, à sœur : *E pur si muove !* (Pourtant, il s'agite !)

Sur ces entrefaites, Clauzel, accompagné de sa femme, du capitaine Vigarosy, son aide de camp, et de ses trois domestiques, était parti de Paris le 25 mars. Indépendamment des raisons personnelles que le général avait de paraître conciliateur, on savait que le caractère de l'entreprise de Napoléon était pacifique. A Lyon, il avait décoré le seul gendarme qui eût accompagné le comte d'Artois jusqu'à la frontière. Ses proclamations et ses décrets respiraient l'indulgence. La lettre à Cambronne disait : « Vous ne trouverez partout que des amis. Ne tirez pas un coup de fusil. » La lettre à Girard disait : «.... Vous ne rencontrerez que des Français. Je vous défends donc de tirer un coup de fusil. » Clauzel, pour atténuer l'effet de la réaction autant que possible, comme pour n'être pas entravé par les royalistes, était parti avant que le *Moniteur* eût parlé de sa nomination. Comme il devait trop à la restauration pour être sévère, en temporisant il agissait selon les vues de l'empereur et conséquemment à ses propres intérêts. L'essentiel était de ne pas donner aux Bordelais une occasion de résister, afin de n'être pas dans la nécessité de les punir. Clauzel resta six jours à faire le trajet de Paris à Saint-André-de-Cubzac.

Mais les populations ne voyaient dans le général que l'ancien favori de la cour; elles ne comprenaient rien à ses fonctions nouvelles. Ce malentendu faillit lui être funeste. Dans la Charente, à un relais, des gardes nationaux arrêtèrent sa voiture. On ouvrit la portière.

— M. Clauzel! s'écria une voix. C'est un aide de camp de Louis XVIII.

— Le roi vous envoie dans le Midi pour soulever Bordeaux.

— Au contraire, mes amis, je vais organiser une armée d'observation dans les Pyrénées.

— Il faut vous expliquer avec le maire.

Une explication n'est pas toujours le moyen de gagner du temps. Il y eut quelque incertitude parmi les gardes nationaux. Clauzel profita d'un répit, et la voiture s'échappa au grand trot.

C'était là toutefois un avertissement que Clauzel ne négligea pas. A la Graule, petit village après Barbezieux, il réunit autour de sa voiture, comme escorte, les gendarmes qu'on put trouver dans les environs, une douzaine tout au plus. L'adjudant Laval, homme de résolution, fut expédié de la Charente sur Blaye par le général, pour obtenir du secours de la forteresse, et le courrier Mesnard, dirigé en estafette sur Bordeaux avec une lettre confidentielle pour le général Decaen, qui commandait au nom de la restauration dans cette ville. Tels étaient les expédients de Clauzel pour se procurer des troupes, lorsque, à la Bastide, le 29 mars, Lamoureux aperçut les volontaires royaux, placés en éclaireurs à Cubzac, qui conduisaient à Bordeaux l'estafette interceptée.

— Que fait Bonaparte? demanda le cuisinier.

— Il est à Paris.

— Où flotte le drapeau révolutionnaire? ajouta le vieillard en haussant les épaules.

— A Evreux, à Tours, à Poitiers, à Angoulême, à Barbezieux...

— Les Faucher reviennent-ils à la Réole! poursuivit-il avec un sourire mêlé d'une expression d'inquiétude.

— Pas encore.

Le drapeau de Bonaparte s'était arrêté à Barbezieux, les Faucher ne bougeaient pas de la capitale, et la duchesse restait à Bordeaux: le cuisinier fut tranquille sur le sort de la monarchie. Il jeta un coup d'œil vers le château Trompette et arrosa ses jacinthes avec impassibilité. Un lambeau de toile blanche suffisait à son repos.

Néanmoins, le général Clauzel, après avoir rallié à Montlieu (Charente-Inférieure) vingt-deux gendarmes aux ordres du chef d'escadron Baylin, que la duchesse envoyait contre lui, était venu, le 30 mars, coucher à Cavignac. Dans la nuit, les volontaires royaux, commandés par M. de Pontac et postés d'abord à Cubzac, sur la rive droite de la Dordogne, se retirèrent sur la rive gauche, à Saint-Vincent, où ils placèrent deux canons en batterie. Telles étaient les dispositions de la défense, lorsque le 31 mars, un vendredi, Lamoureux vit passer à la Bastide M. de Martignac, officier de la garde nationale de Bordeaux, qui rentrait dans la ville suivi d'une escorte de volontaires royaux et de quelques paysans dont les plus exaspérés surveillaient un tambour de cette garde qu'on ramenait prisonnier avec sa caisse en morceaux.

— Que fait Clauzel? demanda le cuisinier curieux.

— Il fait créneler dans ce moment la maison de M. Ribot, commissionnaire du roulage, à Cubzac, au bord de la rivière, pour y embusquer ses hommes.

— Ses gendarmes? reprit Lamoureux.

— Non. Un adjudant, venu ventre à terre de Barbezieux par Jonzac, a pénétré dans le fort de Blaye le 29, à neuf heures du soir, et, sur la nouvelle du retour de Bonaparte, le colonel Georges a expédié aussitôt un piquet de cent cinquante voltigeurs du 62e au général Clauzel. Ces voltigeurs font maintenant le coup de fusil à travers la Dordogne avec nos volontaires.

— Et les Faucher?

— M. César est nommé par l'usurpateur général de brigade dans l'armée d'observation des Pyrénées.

— Mais où flotte l'étendard de l'usurpation? ajouta le vieillard un peu étonné. A Cubzac? à Saint-Vincent?

— Entre les deux.

— Comment! sur la rivière? s'écria Lamoureux effrayé.

— Voici ce qui est arrivé. Le bac étant resté sur la rive gauche, Terraille, son propriétaire, s'y rendit avec M. de Pontac pour le détruire. Alors les tirailleurs de la maison Ribot les accueillirent à coups de fusil. Le bac fut attaqué même et le drapeau tricolore planté en vue de Saint-Vincent, malgré M. de Pontac, qui tua quelques hommes à Clauzel, dans le plancher de l'embarcation, immobile maintenant sur la Dordogne, entre Bonaparte et la monarchie, mais pavoisée forcément aux couleurs de la révolution.

Un fait si extraordinaire devait confondre le pauvre Lamoureux. Toutefois, M. César Faucher n'étant encore que général de brigade et le drapeau blanc ne cessant pas d'onduler sur les tours du château Trompette, il reprit son arrosoir et ses illusions jusqu'à nouvel ordre.

Mais Clauzel n'était pas homme à laisser

l'emblème national dans cette position incertaine. Voyant que les deux pièces en batterie à Saint-Vincent tenaient bon contre les tirailleurs, et qu'après tout le bac n'était à personne, il essaya de forcer le passage du fleuve diplomatiquement. Dans ce but, le général fit demander à trois reprises à M. de Pontac qu'on lui envoyât un parlementaire, entre les mains duquel seraient remis les volontaires qui étaient restés en son pouvoir, dans l'escarmouche à propos du bac. Ce prétexte réussit, et le colonel envoya M. de Martignac, de la garde nationale, en raison de sa profession d'avocat, qui devait rendre sa parole plus persuasive. M. de Martignac, accompagné de quelques gardes nationaux et d'un tambour, traversa effectivement la Dordogne et vint trouver Clauzel à la maison Ribot.

— Monsieur, dit Clauzel avec courtoisie, je vous demande pardon de vous recevoir dans cette forteresse. Quand on a son drapeau sur un bac, on peut bien avoir son quartier général dans un roulage. Au surplus, si j'ai placé mes hommes dans cette maison, c'est pour ne pas les exposer inutilement au feu de votre artillerie. Si j'ai défendu hier le pont volant, c'est pour conserver un moyen de passer la rivière. L'empereur ne veut pas de guerre civile.

— Mais enfin, général, quelles sont vos intentions? Bordeaux, par suite des événements de 1814, se trouve dans une position exceptionnelle. Les habitants ne reconnaissent que leurs souverains légitimes. Il y a peu de jours encore, les généraux Decaen, Mignotte, Harispe ont renouvelé l'engagement de défendre le trône de Louis XVIII. De courageux apôtres de la cause royale, M. Desèze, M. Lainé, le général Donadieu, sont venus s'enfermer dans la ville. Le duc d'Angoulême est à Toulouse, et M. de Vitrolles a rallié Bordeaux à l'administration centrale qui s'organise au nom du monarque dans le Midi. Vous dites que Bonaparte ne veut pas la guerre civile, et c'est vous qui l'apportez !

— Vous vous trompez, monsieur ! Le 3 avril au plus tard je serai dans Bordeaux, et sans avoir encore tiré un coup de fusil. Depuis le 20 mars tout est changé à Paris. Le drapeau national, que vous voyez là sur la Dordogne, ne s'est pas arrêté un instant dans sa marche, qui a commencé aux Tuileries et qui ne se terminera, ne vous en déplaise, qu'aux Pyrénées. Le gouvernement impérial est rétabli. Voici des proclamations, des décrets, des ordonnances, des journaux qui le prouveront. Lisez le *Moniteur* : il y a une amnistie datée de Lyon du 13 mars, mais dont M. Lynch est excepté. Rien de plus clair, je pense. N'est-ce point assez, monsieur ? Ces voltigeurs sont venus de Blaye, la citadelle a proclamé Napoléon, je tournerai Bordeaux. Voulez-vous des nouvelles plus récentes ? Il y a, comme vous savez, des noms significatifs. L'empereur forme une armée d'observation sur les Pyrénées, il m'en a confié le commandement en chef, et M. César Faucher, votre voisin, votre ami, y sera mis en activité comme maréchal de camp. Je vous avoue que mon intention est de lui donner la surveillance militaire de la Réole.

En disant ces mots, Clauzel offrit à M. de Martignac une courte dépêche pour le préfet, M. de Valsusenay, pour l'adjoint au maire, M. de Lur-Saluces, et pour le général Decaen. Il y était déclaré formellement que Bordeaux n'avait à craindre aucune violence et que les fonctionnaires seraient responsables de sa tranquillité. M. de Martignac accepta le message, mais il répondit avec un sourire :

— Je ne remettrai votre dépêche, général, qu'en présence de *Madame*.

— La duchesse est encore à Bordeaux ! s'écria Clauzel vivement contrarié ; rien ne saurait être plus fâcheux pour votre ville. Je ne vous dissimulerai pas même que son départ trop longtemps différé deviendra moins facile. Le souvenir des bontés du duc d'Angoulême, que j'ai reçu des premiers à Toulouse, avec le général Harispe, en 1814, me sera toujours précieux, mais ni le prince ni la princesse n'auront la faculté d'une résistance que n'a pas tentée le roi leur oncle lui-même. Affirmez fort respectueusement de ma part à la duchesse que je n'aurais pas accepté ma mission s'il eût été à ma connaissance que *Madame* s'obstinait à se maintenir dans Bordeaux. Sa personne, au surplus, tels sont aussi les ordres de l'empereur, me sera toujours sacrée. J'ai acquis la certitude que Louis XVIII était sorti du territoire. Assurément je ne soutiendrai jamais le despotisme de l'empereur, tel qu'il existait avant 1814, mais on lui a fait des conditions.

M. de Martignac se retira, n'emportant de la conférence qu'une dépêche évasive, et accompagné des volontaires prisonniers, que Clauzel lui remit avec beaucoup de grâce. En se rembarquant dans le bac, il fut salué d'un roulement d'honneur par le tambour de la garde nationale qui accompagnait le parlementaire. M. de Martignac, homme très-fin, et d'ailleurs habitué au son du tambour de sa compagnie, observa que la caisse rendait un bruit moins éclatant qu'à l'ordinaire. Peu satisfait des explications du tambour, l'officier perça de son épée la peau de la caisse, et, à l'instant, des flots de brochures et de gazettes, de proclamations et de décrets, cachés dans l'intérieur du cylindre, s'écoulèrent sur le bateau. M. de Martignac ordonna que ces paperasses révolutionnaires fussent englouties dans les eaux de la Dordogne, mais il lui resta de cet incident la triste conviction que le 20 mars était aussi malin qu'heureux. C'est à quoi songeait le spirituel avocat au moment où Lamoureux le vit repasser sous ses fenêtres. Tout allait dépendre des résolutions de la princesse.

Les effets divers, mais sensibles, du caractère

politique des Faucher sur les esprits du département de la Gironde, notamment depuis l'outrage d'avril 1814, ne pouvaient que rendre fort émouvante la nouvelle de leur prochaine réapparition sous les auspices de l'empereur, au milieu des préparatifs guerriers de la duchesse d'Angoulême. Personne plus que le cuisinier de la Bastide n'était à même de juger de cet événement. Aussi comprendra-t-on aisément son effroi, quand le samedi 1er avril, en ouvrant les yeux, le bon vieillard n'aperçut que la lance du drapeau blanc au château Trompette.

L'étoffe avait disparu.

IV

Pour expliquer cette absence inouïe de l'étendard royal, au donjon de la forteresse d'une ville où commandait encore la duchesse d'Angoulême, il est urgent de savoir d'abord que le 28 mars au matin, Napoléon fit appeler dans son cabinet M. Dumoulin, officier d'ordonnance au service de l'empereur depuis les affaires de Grenoble.

Napoléon était fort irrité de la présence de *Madame* à Bordeaux. Il cherchait un moyen de punir cette ville, mais sans la frapper. La proscription de M. Lynch était une première vengeance; la nomination de Constantin Faucher à la mairie de la Réole la complétait dans sa pensée. Napoléon dit à M. Dumoulin :

— La résistance continue dans le Midi. M. de Vitrolles, m'écrit-on, s'est mis en relation avec vingt-sept départements. Il faut en finir avec Bordeaux et Toulouse. Partez pour la Gironde. Voici des dépêches pour Clauzel, Decaen et George, qui commande à Blaye. On peut bien sortir de Bordeaux, mais on ne peut pas y entrer. Faites en sorte de violer la consigne. Voici encore un ordre pour le colonel du 62e, qui commande au château Trompette. Je vais vous donner une lettre pour M. d'Houdetot, préfet du Loiret, qui vous remettra à Orléans un nouveau passeport daté de cette ville sous un faux nom. Ces mesures assureront votre incognito.

M. Dumoulin arriva effectivement le 31 mars à Cubzac comme se terminait l'entrevue de M. de Martignac et du général Clauzel. Le drapeau tricolore n'était toujours qu'au milieu de la rivière. A la réception des ordres de Napoléon, le général comprit qu'il fallait à tout prix que le drapeau fît un pas en avant. Lorsque M. Dumoulin et sa calèche eurent franchi la Dordogne, quelques voltigeurs déguisés se répandirent sur la rive gauche et crièrent : *Sauve qui peut! Nous sommes vendus! Nous sommes coupés!* Cette mauvaise plaisanterie entraîna la retraite des volontaires, qui vinrent prendre position au Carbon-Blanc, mais après avoir été forcés d'abandonner leurs deux pièces de canon, à Saint-Vincent, sur la rive gauche. Clauzel se contenta d'arborer le drapeau à Saint-Vincent, ne quitta pas Cubzac, et attendit que la mission de M. Dumoulin eût livré

Bordeaux sans combat. L'officier d'ordonnance trouva que les voitures, consignées un moment à la Bastide par les autorités royalistes, commençaient à pénétrer dans la ville. M. Dumoulin profita de cette tolérance, sur laquelle le soi-disant commis voyageur d'une maison de commerce d'Orléans ne comptait pas beaucoup. Voici pourquoi les rigueurs de la quarantaine étaient levées.

A la lecture du message apporté par M. de Martignac, l'indignation des conseillers de la duchesse fut égale à leur embarras. Les hommes d'esprit, et il y en avait dans le conseil, ne pouvaient se dissimuler que toute l'affaire n'était qu'une question de personne. Madame cherchait du dévouement et ne trouvait que du respect : ce qui n'est pas la même chose. Femme infortunée qui ne comprenait pas, après vingt-cinq années de proscription, qu'à cette époque les habitants d'une ville ne se fusilleraient pas pour les intérêts dynastiques d'une famille, que rien n'était moins évident que la solidarité de notre bonheur et de son règne, et que les serments n'engagent vis-à-vis d'un pouvoir déchu qu'autant que la foi jurée demeure obligatoire en restant nationale!

Déjà l'effervescence de 1814 se remontrait dans les carrefours de Bordeaux; les salons mêmes de la duchesse étaient un foyer de propos aussi ridicules que dangereux, et si l'outrage fait aux deux Faucher ne se reproduisait pas encore, ce n'est pas que les réactionnaires manquassent à la violence, mais bien que César et Constantin manquaient pour le moment à la cité. M. Lynch et M. Lainé, qui avaient traversé les événements de l'année dernière, voulaient que l'énergie s'arrêtât où commencerait la lutte, et qu'on résistât moins pour le succès que pour l'honneur.

— Quelle est la situation réelle de Bordeaux? demanda M. Lainé au général Decaen.

— Jamais la garnison ne souffrira que les

gardes nationaux tirent sur les troupes du général Clauzel.

— Alors faites retirer la garnison sur Bayonne.

— Elle ne m'obéira pas.

— Pour sauver l'honneur de la ville, monsieur, donnez à Son Altesse Royale une déclaration où vous reconnaîtrez que dans tous les cas, jamais vos troupes ne tireront sur la garde nationale. Que l'univers, que la postérité sachent au moins qu'une princesse auguste, qui s'appelle Marie-Thérèse, défendue par l'amour de tout un peuple, garantie par deux rivières, a cédé à la nécessité la plus absolue et n'a pas fui devant un prévôt et quatre gendarmes !

Le général Decaen refusa. On venait d'apprendre que le colonel Georges avait fermé les portes de la citadelle de Blaye aux volontaires envoyés de Bordeaux par Madame. L'événement annoncé par Clauzel à M. de Martignac se trouvait ainsi réalisé. Il était minuit. La duchesse d'Angoulême demanda à M. de Martignac :

— Croyez-vous que les volontaires laissés à Saint-Vincent défendront le passage de la Dordogne?

— Je le crois, madame, reprit généreusement l'officier de la garde nationale. A mon départ, ces messieurs étaient dans les meilleures dispositions.

— Alors, décida le conseil, Votre Altesse Royale doit faire dire à M. Clauzel qu'il n'y a pas de réponse.

M. de Martignac, chargé de cette singulière *réponse*, partit sur-le-champ à franc étrier. Il arriva au Carbon-Blanc à une heure et demie du matin, comme les volontaires cherchaient à se rallier. Bientôt même le Carbon-Blanc ne fut pas défendu, et, à peine M. de Martignac s'était-il acquitté de son message, que les royalistes s'étaient retirés déjà jusqu'à la rive droite de la Garonne. Dans la matinée du samedi 1ᵉʳ avril, Clauzel allait donc paraître avec deux cents voltigeurs, quatre-vingts gendarmes et les deux pièces d'artillerie des volontaires, en face des quais de Bordeaux.

Tandis que, pour le dénoûment inévitable de la situation de Bordeaux, s'agitaient dans cette ville tant de passions, et au moment même où M. de Martignac, envoyé de la duchesse d'Angoulême, passait de la rive gauche à la rive droite, M. Dumoulin, envoyé de Napoléon, passait de la rive droite à la rive gauche. On prétend que ce fut le même bateau qui, après avoir débarqué l'un, embarqua l'autre. Quoi qu'il en soit, M. Dumoulin n'eut pas plutôt passé la Garonne que, laissant son domestique et sa calèche dans un hôtel, il s'engagea dans les rues de Bordeaux et alla frapper à la porte de M. Périer, d'une famille de Grenoble, qu'il savait du parti de Napoléon, et pour lequel on lui avait remis une lettre d'introduction. L'officier d'ordonnance fut retenu pour la nuit dans cette maison. Après avoir pris langue le lendemain samedi, M. Dumoulin transmit d'abord au général Decaen les dépêches de Napoléon; puis il s'achemina vers le château Trompette, où il pénétra dans le milieu du jour.

Le château Trompette, vieille forteresse bâtie au quinzième siècle pour contenir les Bordelais, restaurée sous Louis XIV par Vauban, démolie en 1818 sur les instances de M. Lainé, commandait la Gironde à l'est et la ville à l'ouest. Les batteries pouvaient foudroyer à la fois les quartiers les plus riches et les plus populeux, et le souvenir du danger couru en 1815, n'a pas été pour Bordeaux la moindre cause de l'impatience qu'on y montra plus tard à voir la chute de cette bastille.

— Voici un brevet de colonel, dit sans autre préambule M. Dumoulin au chef de bataillon qui commandait dans le château; rappelé par le vœu de la France, Napoléon vous charge de mettre la garnison en rapport avec M. Clauzel. Ce général vient pacifier Bordeaux.

— Vous pouvez, répondit le commandant après avoir pris lecture des ordres de l'empereur, assurer Sa Majesté de mon dévouement. Déjà le drapeau blanc ne flotte plus à mes tours, et si je n'ai pas encore hissé les trois couleurs, c'est par égard pour la duchesse d'Angoulême. Je sais que l'étendard national est arboré à Blaye et au Carbon-Blanc, mais la garnison de Bordeaux est liée d'honneur vis-à-vis de la princesse, et, quoique soumis au gouvernement impérial, nous attendrons, pour nous déclarer, qu'elle ait quitté la ville.

— Très bien ! ajouta M. Dumoulin avec un signe de respect. Seulement, préparez un drapeau tricolore, et qu'au premier appel du général, vos troupes soient en mesure de lui répondre.

Comme l'officier d'ordonnance de l'empereur achevait de parler ainsi, une émotion extraordinaire agita le fort, des roulements de tambours en ébranlaient les murailles, on prenait les armes dans les cours.

— C'est la duchesse d'Angoulême ! reprit le commandant ; et il ajouta avec un sourire expressif : Restez.

La princesse effectivement visitait les casernes de Bordeaux. Cette mesure était le résultat des nouvelles apportées du Carbon-Blanc par M. de Martignac. On avait écrit au général Clauzel, de la plume de M. Lainé, la lettre suivante :

« Madame la duchesse d'Angoulême ayant eu connaissance des communications que vous avez faites aux autorités civiles et militaires de Bordeaux, et voulant épargner à cette ville les malheurs que pourrait lui faire éprouver une plus longue résistance, fait ses dispositions pour son départ ; nous vous demandons jusqu'à demain pour que le départ de Son Altesse Royale puisse s'effectuer avec tous les honneurs dus à son rang. »

Cette lettre, signée de M. de Valsusenay, de M. de Lur-Saluces et du général Decaen, fut encore portée par M. de Martignac, qui trouva les volontaires acculés à la Bastide. Clauzel s'était contenté de planter les trois couleurs au Carbon-Blanc, mais de sa personne il était toujours à Saint-Vincent, et M. de Martignac le rencontra même encore sur la rive droite, à Cubzac. Vous verrez plus tard, mon cher enfant, que si cette marche lente n'a point suffi à couvrir le général et par suite les malheureux Faucher, c'est que la restauration considérait le déploiement des trois couleurs, seul, comme un crime de lèse-dynastie. Clauzel dit à M. de Martignac.

— Vous m'avez tué des soldats, je vous ai rendu mes prisonniers ; la partie ne devrait plus être égale entre nous. Mais je ne serai pas rancuneux. Dites au conseil de défense que j'accorde tout ce qu'on me demande et même davantage. J'ai accompagné Louis XVIII jusqu'à sa voiture, je serai heureux d'accompagner la duchesse d'Angoulême jusqu'au lieu de sa retraite.

— Son Altesse Royale, répondit M. de Martignac avec une ironie légère, n'a pas besoin d'escorte. Le duc de Lorges, l'évêque de la Rochelle, le duc et la duchesse de Lévy et M. Lynch rempliront parfaitement ce devoir. Mais puisque vous êtes si bien disposé, général, le conseil vous prie de ne point faire passer la Garonne à vos troupes avant dimanche et surtout de ne point arborer les trois couleurs à la Bastide, que la duchesse ne soit partie.

— J'y consens.

Pendant ce temps, une discussion fort orageuse s'était engagée à Bordeaux dans le conseil, en présence même de la princesse. Monsieur Lynch, dans un mémoire publié sur les événements de cette crise et dont les historiens royalistes se gardent bien de parler, a trahi le secret du débat. « ... Les premières pensées du conseil réuni, dit-il, se portèrent sur les dangers que pouvait courir la princesse et sur les moyens de l'en garantir. En général ces messieurs ne montrèrent aucune disposition à la résistance, excepté MM. D... et de Montdenard, et ils renvoyèrent la décision à prendre jusqu'à ce qu'on fût assuré que la garde nationale aurait les moyens suffisants de défense; ce dont on parut douter. » Voilà qui est net. On jugera, du reste, aisément de la situation pénible où se trouvaient les généraux Decaen et Harispe, lorsqu'on saura que ces chefs militaires, ayant eu connaissance de la déroute du Carbon-Blanc, et fait demander à M. Clauzel comment ils devaient agir, le nouveau gouverneur répondit avec circonspection que les troupes de la garnison, tant qu'il ne serait pas lui-même à Bordeaux, devaient obéir à ceux qui commandaient dans la ville. Ainsi Napoléon en expédiant

M. Dumoulin, avait deviné la situation politique.

— Madame, s'écria le général Donadieu, plein d'enthousiasme et en sortant de l'appartement, il faut aujourd'hui des actions et non des paroles. Je vais conduire la garde nationale au combat.

— C'est ce que vous auriez dû faire depuis longtemps, dit un membre du conseil au général Decaen.

— Monsieur, répondit le gouverneur avec amertume, si la garde nationale commence les hostilités, les troupes de ligne se joindront à leurs frères d'armes, et Son Altesse Royale se trouvera entre deux feux.

— Je n'ai jamais douté, dit la duchesse d'Angoulême, de la sûreté de Bordeaux; je ne voulais pas d'ailleurs l'exposer à une destruction certaine; mais comment ne pouvez-vous plus employer cette garnison dont vous me répondiez encore hier!

Les généraux ne s'expliquèrent que par le silence. La princesse ajouta :

— Eh bien, je jugerai moi-même de la disposition des soldats. Qu'on rassemble les troupes dans les casernes. Allons, messieurs.

— C'est une démarche imprudente. Il y a des émissaires dans la ville. Je ne réponds..

— Qu'on obéisse.

Le conseil se sépara dans une morne anxiété. Il était deux heures. Commandée par le général Donadieu, MM. de Puységur et Troplong, la garde nationale se rangeait effectivement sur le quai de Bourgogne. *Madame* visita les trois casernes. Les deux premières, et les moins importantes, occupées par le 8e léger, furent impassibles. Quoique ce résultat n'eût rien de flatteur pour la duchesse, elle arriva pleine de confiance au château Trompette, qui était la dernière caserne. Ici tenait garnison le 62e de ligne, choyé par la restauration, nommé le *régiment d'Angoulême*, et envoyé par faveur à Bordeaux. Le commandant, que les depêches apportées par M. Dumoulin venaient de fortifier contre la séduction de semblables avances, quitta l'officier de l'empereur, forma le carré des troupes, et la duchesse, pénétrant dans les sombres voûtes de la citadelle, se vit bientôt au milieu d'un triple rang de soldats muets dont l'aspect était déjà un pressentiment de leur refus. Madame mit pied à terre, passa deux fois dans les rangs, se plaça ensuite dans le centre du carré. Les officiers se réunirent autour d'elle.

— Bordeaux, dit la fille de Louis XVI, est menacée par une poignée de rebelles. Je viens vous rappeler vos serments. Parlez-moi avec franchise. Êtes-vous disposés à faire cause commune avec la garde nationale pour défendre la ville? Répondez.

Silence profond.

— Eh quoi! reprit avec énergie la duchesse, ne vous souvenez-vous déjà plus que vous avez juré entre mes mains, il y a quelques jours à peine, de mourir tous jusqu'au dernier pour le service du roi!

Cela était vrai. On aurait pu cependant lui répondre que les serments n'engagent pas moins ceux qui les reçoivent que ceux qui les prêtent, et que les Bourbons, en oubliant les promesses faites à la France en 1814, avaient brisé le contrat.

— Nous ne souffrirons pas qu'on vous outrage! s'écrièrent quelques voix avec chaleur.

— Il ne s'agit pas de moi, reprit fièrement la duchesse, mais du souverain. Voulez-vous le servir?

— Pour le bien de la patrie, toujours! Contre nos frères, jamais!

— O Dieu! s'écria la duchesse, après vingt ans d'infortune, il est bien cruel de s'expatrier encore. Je n'ai cessé de faire des vœux pour la patrie, car je suis Française, moi, et vous n'êtes plus Français! Allez, retirez-vous!

— Quant à moi, je me tais, dit alors une voix qui partit des derniers rangs, car je respecte le malheur.

La duchesse allait encore parler. Des cris frénétiques de *Vive l'empereur!* couvrirent sa voix.

Madame sourit avec dédain, remonta lentement en voiture, un roulement des tambours se fit entendre, et la porte se referma sur ses pas.

Dans l'intervalle arrivait à la Bastide le général Clauzel, fort émerveillé de conquérir avec moins de trois cents hommes une ville qu'il avait crue si disposée à se défendre. A la vue de la garde nationale en bataille sur le quai de la rive gauche de la Garonne et des volontaires culbutés la veille, moins de cinq cents, qui traversaient confusément le fleuve pour se joindre à cette milice, il fit hêler par un bateau pour qu'on lui renvoyât M. de Martignac.

A peine avait-on compris sa demande sur la

rive gauche, que la duchesse d'Angoulême y parut, montée sur la banquette d'une calèche. Elle haranguait la garde nationale et les volontaires, elle leur faisait ses adieux, elle ordonnait qu'on ne combattît pas. Inquiet de ce mouvement, des cris d'enthousiasme qui partaient du quai de Bourgogne et des drapeaux blancs qui s'agitaient à toutes les fenêtres, Clauzel, d'abord, braqua contre la rive gauche les deux canons pris à Saint-Vincent; puis, imprimant aux couleurs patriotiques un progrès nouveau, il plaça enfin le drapeau tricolore à la Bastide, vis-à-vis de la duchesse. A cette vue, la calèche disparut du quai, des vociférations épouvantables remplirent l'air, et le bruit soudain d'une fusillade qui s'engageait dans les rangs mêmes des défenseurs de la duchesse, vint frapper les oreilles du général. Dans ce moment, M. de Martignac débarquait à la Bastide.

— Que se passe-t-il donc, monsieur? lui demanda vivement Clauzel.

— La garde nationale voulait qu'on se contentât de protéger le départ de Madame, les volontaires exigeaient au contraire qu'on se battît. Il en est résulté une lutte...

— Le sang n'a pas coulé au moins!

— Le capitaine Troplong, atteint d'une balle au cœur, expire à l'instant même!

— Ainsi, monsieur, dit Clauzel, il y a encore des victimes!

— Je ne suis pas moins navré que vous d'une pareille scène, répondit M. de Martignac avec douleur; mais les volontaires, aigris par leur déroute du Carbon, n'ont pu se faire à l'idée de fuir sans combat devant une poignée d'hommes.

— Une poignée d'hommes, monsieur! fit Clauzel en haussant les épaules. Vous en parlez à votre aise! Si cela me plaît, à l'heure même, devant vous, j'entrerai à Bordeaux tout seul.

Le lieu de cette nouvelle entrevue était à

droite de la Bastide, presque vis-à-vis du château Trompette, dont on voyait la lance toujours dépouillée de toute étoffe quelconque, absolument comme la pointe d'un paratonnerre. Autour du général se promenaient tranquillement, l'arme au bras, une trentaine de voltigeurs.

— Ce n'est pas apparemment avec ces gros bataillons que vous espérez garantir votre débarquement au Chapeau-Rouge ? dit M. de Martignac, d'un ton un peu moqueur.

— Il faut donc vous montrer mes forces? reprit Clauzel tout à fait de bonne humeur; soit!

A un signe particulier du général, un voltigeur coupa une branche d'arbre. Clauzel tira de sa poche un guidon d'infanterie aux trois couleurs, l'attacha de sa propre main à la branche, et, levant le bras au-dessus de sa tête, l'agita quelques instants en vue de la citadelle. Aussitôt, prompt comme l'éclair, un immense drapeau tricolore grimpa pour ainsi dire de lui-même à la lance du donjon, étendit majestueusement ses plis sur les combles, et le prestige de l'empire sembla renaître comme par enchantement autour des vieux pignons de la bastille de Charles VII. M. Dumoulin répondait au général.

— Vous voyez, monsieur ! dit Clauzel, à l'avocat, je serais dans Bordeaux que c'est tout au plus si la garnison m'obéirait mieux; mais je n'abuserai pas de la victoire. Il me suffit que les enseignes impériales, modestement plantées naguère sur un bac au milieu de la Dordogne, aient franchi malgré vous et d'elles-mêmes la Garonne. Maintenant, ajouta-t-il en remettant le guidon dans sa poche, si la duchesse d'Angoulême ne part pas aujourd'hui, peut-être ne sera-t-il plus en mon pouvoir de la protéger demain. Dans l'intérêt même de la princesse comme de la ville, je vous préviens que le gouverneur entrera demain dimanche à neuf heures du matin sans faute ni retard.

Il était temps. Frémissantes, difficilement contenues, les troupes sortaient de leurs casernes et se rangeaient en bataille sur la place de la Comédie. Quelques légers bâtiments de guerre anglais qui avaient protégé la flotte marchande de la Grande-Bretagne dans son entrée récente en rivière, se trouvaient mouillés à Pauillac, un peu au-dessous de Blaye, mais sur la rive gauche. Le *Wanderer*, sloop de vingt canons, fut mis, par le consul britannique, à la disposition de Madame. A huit heures du soir, M. Lainé déposa, comme président à la dernière chambre des députés, dans les archives de Bordeaux, une protestation solennelle où il est impossible de ne pas remarquer les phrases suivantes :

« ... Au nom de la nation française, et comme président de la chambre de ses représentants, je déclare protester contre tous décrets par lesquels l'oppresseur de la France prétend prononcer la dissolution des chambres... Comme le duc d'Otrante, se disant ministre de la justice, m'outrage assez pour me faire savoir que je peux rester en sûreté à Bordeaux, et vaquer aux travaux de ma profession, je déclare que si son maître et ses agents ne me respectent pas assez pour me faire mourir pour mon pays, je les méprise trop pour recevoir leurs outrageants avis, etc. » (28 mars.)

Le ciel était orageux, une pluie froide rendait les chemins difficiles. La duchesse d'Angoulême, suivie de la cavalerie de la garde nationale, s'engagea dans cette route, si pénible en tout temps, qui va de Bordeaux à Pauillac par Blanquefort, Margaux et Saint-Julien. Les landes profondes, les bruyères noires, les pins rabougris et les sables limoneux de cette sauvage contrée semblaient dérouler autour du cortége le deuil de la monarchie. On resta douze heures à faire les dix lieues qui séparent

Pauillac de Bordeaux. A huit heures du matin, comme la duchesse mettait pied à terre, deux chaloupes sorties de Blaye s'approchèrent du sloop, moins toutefois pour entraver que pour hâter le départ. C'est ainsi que les Anglais qui avaient introduit la restauration dans Bordeaux en 1814, sous les traits du duc d'Angoulême, la remportaient en 1815 dans la personne de sa femme. On ne pouvait mieux justifier cette parole impie de Louis XVIII : « Après Dieu, c'est au régent que je dois ma couronne. »

IV

Peu d'instants après ce dénouement, Clauzel entrait sans coup férir dans Bordeaux. Quoique la tranquillité de la ville fût garantie par l'éloignement de Madame, les passions demeuraient en présence. Il parut bientôt difficile de remplacer M. Lynch et M. Lainé. L'administration de la cité resta purement militaire au milieu d'une effervescence que l'attitude prétorienne de la garnison et le dépit des volontaires ne devaient pas calmer. On attendait avec impatience le nouveau préfet, M. Fauchet, ancien préfet de Florence et fort dévoué à Napoléon. Cette crise n'était pas finie, à beaucoup près.

Si le drapeau tricolore, par l'unique magie de ses souvenirs, s'était successivement déployé à Cubzac, au Carbon, à la Bastide, à Blaye et au château Trompette, en revanche le *haut pays* le repoussait encore. Toulouse tenait toujours pour les Bourbons. Vaincus à Bordeaux, les partisans de la dynastie refluaient vers la Réole et les départements du Midi. C'est dans la prévision de cette nécessité de leur retraite, que les fonctionnaires royalistes de la Gironde avaient voulu transporter de Blaye à Libourne un bataillon du 62e; mais le colonel refusa d'obéir. Jeté par le hasard du 20 mars entre les furieuses récriminations des partis dans un pays fanatique, Clauzel ressentit bientôt comme un embarras précurseur du rôle à la fois impuissant et colère qu'il joua dans les *cent jours* à Bordeaux. Les premiers symptômes de l'irritation du département éclatèrent dès le lendemain de son entrée, 4 avril, et ce fut à la Réole, à propos des Faucher.

Il y avait là un sous-préfet nommé par la restauration, M. Pirly, qui fut maintenu par Napoléon, et que la plus vieille amitié unissait à la famille de la rue Lamar. Quoique ses opinions différassent essentiellement de celles de la *forteresse*, M. Pirly, en 1814, écrivait à César: «.... Si de votre ami je devenais votre chef, contre mon attente, croyez que ces deux titres resteraient classés d'une manière convenable dans mon esprit, et que je trouverais toujours plus de douceur dans l'un que dans l'autre.» A la nouvelle de la retraite de la duchesse d'Angoulême et du retour prochain des

Faucher, le sous-préfet de la restauration se mettait en devoir d'accorder les termes de cette lettre et le caractère de ses fonctions, quand une circonstance qui ne fut jamais expliquée vint accroître la délicatesse de sa position sans augmenter les moyens d'y satisfaire.

La première pensée de Lamoureux, comme de tous les royalistes, après la victoire de Clauzel, fut pour la *forteresse* de la Réole. Il y avait pour ainsi dire un aimant mystérieux qui ramenait vers cette infortunée maison les haines politiques, dès que leur foyer naturel s'éteignait dans la capitale de la Gironde. Aussi le pauvre cuisinier, incapable de supporter la vue du drapeau tricolore, qui flottait précisément sous ses regards, avait-il quitté ses jacinthes, ses fourneaux et sa sœur, pour entreprendre un pèlerinage curieux autour des murs de cet édifice trop célèbre, d'où maintenant plus que jamais sans doute allaient s'échapper par toutes les portes, et on en comptait sept, des flots de piques républicaines et de bonnets phrygiens. Il partit secrètement, le 3 avril au soir, par la route de Langon, et arriva dans la matinée du 4 sous les murs de la *forteresse*, au moment où le soleil se levait au delà de Marmande.

Une foule inquiète, armée de ces longs tuteurs de vignes qu'on nomme *fessonnas* dans le Médoc, entourait déjà la maison de la rue Lamar. Cette multitude était divisée en deux partis également furieux, mais où dominait la passion révolutionnaire. 93 était en majorité à la Réole. On paraissait attendre un événement capital; l'affront subi par la duchesse à Bordeaux rendait les spectateurs impatients d'obtenir soit une vengeance, soit un hommage.

Cela ne fut pas long. Dès que le soleil d'avril fut sur l'horizon de la Réole, un immense drapeau tricolore parut tout à coup au bord de la rivière, comme surgi par enchantement des rangs les plus épais de la foule elle-même. On eût dit que l'étendard du château Trompette avait remonté le fleuve pour flotter un moment sur la Réole. Des acclamations diverses, mais frénétiques, accueillirent cette manifestation dont l'auteur était inconnu. Là, comme ailleurs, il semblait que le merveilleux symbole fût arboré par une main invisible. La splendeur de cette apparition n'était pas la circonstance la moins piquante de son mystère. Jamais chiffres plus délicatement brodés sur le champ, cravates plus coquettement nouées à la lance, jamais aigle mieux doré ou tissu mieux choisi, n'avaient formé le drapeau national. Le talent d'aiguille de mademoiselle Anaïs Faucher était renommé dans le pays; on regardait d'ailleurs ses oncles comme les premiers jacobins de la Gironde; César allait reprendre du service : il n'en fallut pas davantage pour que la foule restât persuadée que ce drapeau sortait de leur maison. Comment prouver, disait Pascal, qu'on n'est pas une porte d'enfer!

Lamoureux n'avait pas lu Pascal; mais à la soudaine vue de ces couleurs, dont la Bastide ressentait encore l'effet magique; à la pensée de cette jeune fille probablement innocente du périlleux honneur que lui reconnaissait le peuple et qui entendait avec effroi, loin de ses oncles, mugir sous ses croisées la tourmente réactionnaire; à la mémoire surtout de l'outrage dont César avait été victime il y avait précisément une année, le bon vieillard se retira plein de terreur.

On imagine sans peine combien les Faucher furent émus à la nouvelle de la fermentation locale dont leur famille et leurs foyers se trouvaient encore l'objet à la Réole. Toutefois, comme le sous-préfet Pirly était un de leurs anciens amis, comme le gouverneur Clauzel avait nommé le général Pégot au commandement militaire de cette ville, et que Napoléon, pour unique vengeance contre Bordeaux, s'était contenté de proscrire M. Lynch, ils différèrent leur retour jusqu'au 4 mai. Dans les derniers jours d'avril, Carnot, ministre de l'intérieur, leur donna audience.

— Il faut partir, dit-il ; les bons citoyens manquent à la Gironde, où le général Clauzel est absorbé par l'organisation de l'armée des Pyrénées. Le général Darmagnac va prendre le commandement spécial de Bordeaux. C'est le moment d'imprimer aux élections une tendance patriotique.

— Mes fonctions sont trop militaires pour ne pas exciter de la méfiance, fit observer César. Je rappellerai à Votre Excellence que le sous-préfet de la Réole, quoique mon ami, ne répudiera jamais ses sympathies royalistes.

— Nous ne pouvons pas destituer tout le monde, reprit Carnot, que les persécutions avaient rendu plus modéré. La nomination des maires étant à la faculté des communes, il y aurait justice à faire tomber le choix sur M. Constantin, qui n'est pas en activité de service militaire. Par ce moyen les opinions maintiendraient leur équilibre.

— En tout cas, dit Constantin, Votre Excellence veut-elle me donner ses instructions?

— Rien de plus simple, monsieur. Conservez l'ordre et respectez les lois. Pas de réaction surtout! que la pensée d'ailleurs soit libre. Je l'ai écrit quelque part: *Tout pardonner.* Voilà la devise du moment.

Les Faucher arrivèrent à la Réole le 4 mai. En descendant de voiture, au milieu des habitants que l'intérêt de ce retour avait attirés à la porte de la *forteresse,* Constantin aperçut un cultivateur de Pellegrue, gros bourg où les deux frères possédaient un château, Boirac.

— Ah, c'est toi! s'écria Constantin. Tu te plains toujours que le pain de Paris manque de sel. J'en ai là de bon, il vient du boulanger de l'empereur, veux-tu en goûter?

M. Faucher prit en effet un pain dans la voiture, en cassa un morceau pour le paysan et s'amusa beaucoup de la grimace de cet homme, pour lequel, comme pour tous les habitants de la Gironde, l'absence de sel dans le pain est une monstruosité. Le bruit de cette communion bonapartiste, mais assurément involontaire, se répandit avec promptitude autour de la Réole, et on en parlait vivement à l'assemblée du collége électoral le 14 mai. En dépit de ces agapes révolutionnaires et quoique César ne fît point partie du collége, il fut néanmoins élu membre de la chambre des représentants. Quelques jours après, le 20, Constantin, à son tour, obtint des électeurs les fonctions de maire par une majorité, sur trois cents personnes, des quatre cinquièmes des voix. Ces deux nominations firent une sensation immense à Bordeaux. A l'instant même l'esprit de parti s'en empara, et, pour ne point avoir le dessous, les Faucher durent lutter de patriotisme avec les hommes qui plaçaient la France à Gand, dans M. Lainé.

C'est à ce sentiment bien naturel qu'ils cédèrent en provoquant une adresse à l'empereur qui fut revêtue de quatorze cent trente-huit signatures, qu'ils portèrent eux-mêmes au pied du trône au nom de la ville de la Réole, mais dont les termes, je l'avoue, étaient de nature à les compromettre plus que le drapeau mystérieux et le pain sans sel du boulanger Edé.

« Sire, disaient-ils, nous adressons nos respectueux hommages au *prince de notre choix,* au dépositaire de nos espérances et des espérances de la civilisation elle-même. C'est au nom de nos affections les plus chères, de nos devoirs les plus sacrés que nous jurons de défendre la patrie, d'être soumis à la constitution, d'être fidèles à l'empereur que le peuple français *replace et maintiendra* sur le trône pour faire respecter la majorité des peuples et la sainteté de leurs droits. L'Europe, grossie des hordes de la haute Asie, se précipite et se presse sur nos frontières... Nous marcherons avec notre Léonidas, nous triompherons, et nos heureuses destinées inscriront dans les fastes des bienfaiteurs du monde le nom de celui qui, le premier dans la paix comme il est dès longtemps le premier dans la guerre, restera à jamais le premier dans l'amour d'un peuple libre ! »

V

César et Constantin Faucher avaient reçu de Napoléon, avant son départ pour l'armée, la croix de la Légion d'honneur. Ces faveurs diverses, qui les rattachaient patriotiquement au régime des Cent Jours, ne pouvaient que rendre plus haineuse l'opposition royaliste de

Bordeaux. On n'attendait que le moment de réagir contre une influence si active. L'heure de Waterloo sonna.

Elle ne trouva pas les Faucher, cette heure de crise, en retard de zèle ou en défaut d'intelligence. Revenus en toute hâte à la Réole pour y concourir, au foyer du royalisme le plus furieux, à la résistance nationale de la chambre des représentants, les deux frères ne furent pas longtemps sans payer de leurs personnes. Le 18 juin, après une grande revue de la garde nationale passée au jardin public, à Bordeaux, par le général Clauzel, et où les cris de *Vive l'empereur!* n'avaient pas été moins vifs que ne l'étaient naguère les cris de *Vive le roi!* Constantin Faucher fut spécialenent chargé par le gouverneur du commandement militaire de la Réole et de Bazas. Les circonstances ne tardèrent pas à justifier ce choix.

Dans la prévision de Waterloo et comme résultat de l'organisation politique du Midi par

M. de Vitrolles, des agents secrets de la cause royale parcouraient les départements où se formaient les cadres des deux armées des Pyrénées, aux ordres de Decaen et Clauzel. Leur but était surtout de lutter contre les *corps francs*, dont les Cent Jours avaient souffert l'abus, faute de moyens répressifs de l'invasion plus naturels et plus légaux. M. de Wismes, ancien préfet du Tarn, depuis cette époque préfet à Angers, royaliste exalté, fut arrêté dans les campagnes de la Réole, conduit à la *forteresse* de la rue Lamar, et, après avoir obtenu sa liberté sur parole, admis dans l'intimité de la famille comme un Français malheureux. L'autorité de Constantin était si pacifique et si absolue à la fois, qu'il refusa les troupes que le général Pégot voulait mettre à sa disposition. Mais cette autorité soulevait d'autant plus de haine dans Bordeaux qu'elle ne s'étendait pas au delà de la Réole, et les royalistes du chef-lieu avaient à cœur de détruire des hommes qui prétendaient, à l'abri de l'opinion contraire, établir sur un autre point du département un centre provisoire d'influence. On jugea bientôt de cette haine dans une circonstance encore plus sérieuse que l'arrestation de M. de Wismes.

Le 28 juin, la paix ayant été faite en Vendée, grâce à l'énergie du général Travot, la nouvelle en parvint à Bordeaux, par estafette le 30, à dix heures du matin, et le soir même, revêtus de leur grand uniforme de maréchal de camp, à la tête de la gendarmerie locale, César et Constantin la proclamèrent dans la Réole. Il y eut certainement de l'imprudence de leur part dans l'affectation d'une solennité qui célébrait la ruine de la chouannerie au moment où Louis XVIII entrait dans Cambrai. C'était un jour de grande foire à la Réole, une musique nombreuse précédait le cortège; les droits de Napoléon II, dit-on même, y auraient été reconnus.

— Qu'avez-vous fait! dit à ses oncles, le

lendemain de cette fête, mademoiselle Anaïs, le *corps franc* s'est rapproché de la Réole.

— Comment le sais-tu?

— Nos gens de Boirac sont venus pour la foire. Ils racontent que Florian regarde l'arrestation de M. de Wismes comme une manière tacite d'encourager sa bande. Après cette proclamation de la paix, on va penser que vous êtes d'accord avec lui pour exterminer les royalistes.

— Mais je travaille si peu pour Florian que je ne lui ai pas envoyé un seul militaire.

— En supprimant les gardes de nuit, vous avez montré trop de sécurité, comme maire, pour qu'on ne vous juge pas à l'abri du *corps franc*.

Cela était juste. Florian inspirait une frayeur telle que sa protection rendait suspect de sans-culottisme. A des nouvelles si alarmantes, l'irritation de Bordeaux fut au comble. Les partis se menacèrent ouvertement. Il est vrai que les événements se succédaient avec une fatalité qui donnait raison à la haine et tort au patriotisme. Pour mieux résister à l'opinion royaliste de Bordeaux, déjà si envahissante, Clauzel avait réuni dans sa main les commandements de la 11e et de la 20e division militaires. Cette force, plutôt apparente que réelle, ne suffisait pas à contenir la réaction que la nouvelle, adroitement répandue, du retour de la duchesse en France par Bordeaux, exaltait outre mesure contre l'homme qui l'en avait chassée. On ignorait encore l'attitude définitive que prendrait l'armée de la Loire; Louis XVIII n'était pas au château d'Arnouville; la chambre des représentants avait tendu démesurément les ressorts antimonarchiques. Dans un état de crise si violent, les Faucher crurent qu'il serait opportun de renouveler cette fête purement et simplement civique de la fédération qu'on célébrait depuis 1790 à la Réole, sinon annuellement, du moins à des dates prévues.

Bien que le programme de la fête, envoyé par César et Constantin, le 4 juillet, sous forme de circulaire, ne s'adressât qu'aux habitants proprement dits du troisième arrondissement de la Gironde et non aux *fédérés* des Cent Jours, bien qu'on n'y parlât que d'oubli, de pardon et de concorde, ce ne fut pas moins plus tard, quand Louis XVIII était dans la plaine Saint-Denis, aux portes de la capitale, un acte administratif d'une singulière fatalité. Des phrases malheureuses pouvaient tourner, sous la sophistication du ministère public, contre l'intention pure de ses auteurs. On y lisait par exemple cette apostrophe aux troupes combinées :

« ..... Si vous prétendez nous dicter des lois, *nous imposer un gouvernement*, nous traiter en esclaves, préparez-vous à une guerre d'extermination, mais craignez le feu que vous aurez allumé. »

Et plus loin, cette invitation si nettement démocratique :

« ..... Venez à notre fête, *acquéreurs de biens nationaux ;* c'est la vôtre. *Des armes sont là pour vous défendre.* Venez, vous qui craignez le retour des *rentes seigneuriales,* des dîmes, etc. »

La circulaire de la fédération n'eût pas été peut-être, au point de vue de la restauration, incriminable en elle-même, si trois jours après, le 7 juillet, le gouverneur Clauzel, s'appuyant sur les résolutions de l'armée de la Loire, n'eût mis le département de la Gironde en état de siége par un ordre du jour où l'on remarquait ces mots : — *la capitale étant au pouvoir de l'ennemi.* En réfléchissant combien la position de Clauzel, par suite du départ forcé de la duchesse, était politiquement fausse, on estimera que le pouvoir militaire absorbait avec raison momentanément les libertés municipales. Sans doute les Faucher parlaient, écrivaient, haranguaient un peu trop: mais ne faut-il pas tenir compte du tempérament méridional ?

Il serait injuste toutefois de penser que le

pouvoir civil resta complétement étranger à la passion de l'époque. La fête de la fédération était pour le 9 juillet.

— En serez-vous? demanda Constantin au sous-préfet Pirly.

— Je n'assisterai pas à la messe, aurait dit le fonctionnaire, mais je viendrai pour les jeux.

— Faut-il afficher les placards de la fédération? demandait encore le maire de Montségur au sous-préfet.

— Assurément, et je vous y autorise, aurait encore répondu M. Pirly.

On voit que les fonctionnaires même nommés par Louis XVIII semblaient partager l'élan patriotique des Faucher, qui n'eût pas manqué de soutenir l'attitude nationale de l'armée des Pyrénées, si la nouvelle de l'entrée de Louis XVIII à Paris n'était parvenue comme la foudre, le 12 juillet, à Bordeaux.

VI

Nous n'essaierons pas de peindre la situation de Clauzel, qui n'avait que deux mille quatre cents hommes. Une fermentation incroyable fit tout à coup suspendre les affaires dans la ville. Il régnait un silence farouche entre le peuple et les troupes. Sur les deux rives de la Gironde, depuis Bordeaux jusqu'à Marmande, les partis, en quelque façon, se regardèrent avec désespoir et comptèrent en frémissant leurs forces. Des provocations s'échangèrent sur toute la surface du département. Un habitant de la Réole, M. Merle, avait déjà suspendu à sa croisée le drapeau blanc. Aussitôt le sous-préfet y courut; le drapeau rentra.

— Je l'ai fait enlever, dit en sortant de la maison M. Pirly, au baron de Montalembert, à M. Dumontet et au lieutenant de gendarmerie, parce que je n'en souffrirai jamais aucun dans l'arrondissement, que le préfet ne me l'ait ordonné.

C'était, néanmoins, un sous-préfet nommé par la restauration. L'étrangeté de la situation politique bouleversait toutes les têtes. A Pellegrue, vis à vis du château de Boirac, le 12 même, au soir, et tandis que les Faucher s'y trouvaient, on planta le drapeau blanc; mais le 18, lorsque pourtant M. Faucher avait quitté

Bordeaux, le maire, M. Distrac, émigré, fit scier par le pied l'arbre du drapeau royaliste. Le contre-sens de l'époque alla plus loin, si c'est possible. A Sainte-Croix-du-Mont, entre Cadillac et Saint-Macaire, M. de Marin, exalté, comme M. Merle, par les nouvelles de Paris, avait arboré les enseignes blanches. Constantin, pour le soustraire à la fureur des soldats, le fit conduire en prison et, le lendemain, mettre en liberté. Tout ceci prouve que le changement fantastique du pouvoir central, à la suite de la retraite de la vieille armée sur la Loire, agissait tellement sur les imaginations gasconnes, que les partis ne se reconnaissaient plus ou croyaient à chaque instant se trahir eux-mêmes. On voit que les Faucher, dans ce *sauve qui peut* général des opinions, étaient encore les plus tolérants vis à vis de celles qui devaient les proscrire.

Mais ce fut principalement à Bordeaux qu'éclata la réaction. Une foule immense stationnait à poste fixe sur la place de la Comédie. Poussé à bout, Clauzel avait répandu des proclamations qui ne diminuaient pas la terreur de la mise en état de siége. On demandait à grands cris l'*auto-da-fé* du drapeau tricolore qui flottait au-dessus des portes de la préfecture. Un détachement du 66e régiment de ligne se rangea en bataille, chargea ses armes et coucha la multitude en joue.

— Que faites-vous, mes amis? s'écrie M. Damazan de Moisson en se précipitant sur les fusils; vous tirez sur le peuple!

Pendant ce temps la foule se rassure. Trop faible, le détachement du 66e est culbuté. On descend le drapeau, on va le brûler; un roulement de tambours se fait entendre, un bataillon entier se déploie avec rapidité dans la rue du Chapeau-Rouge. En vain le peuple fuit vers le quai. Il est trop tard. Une décharge terrible porte la mort dans les rangs de la foule. A ce moment, M. de Moisson a la présence d'esprit de s'élancer vers un capitaine et de lui dire :

— Je quitte le gouverneur, il me suit à l'instant même; c'est une affaire arrangée. Cessez le feu.

Le capitaine hésite; il ordonne cependant un demi-tour; le bataillon va reprendre le chemin du château Trompette. Le galop d'un cheval suspend toutes les décisions. C'est le général Clauzel, suivi de son état-major.

— Soldats! s'écrie le gouverneur, on vous trompe indignement. Jamais les couleurs nationales n'ont plus mérité nos hommages. Je saurai les faire respecter.

A ces mots, Clauzel forme ses troupes en carré devant la préfecture. Le drapeau enlevé ne se retrouvait pas. Sur l'ordre du gouverneur, trois guidons d'infanterie, aux flammes tricolores, sont attachés en faisceau à la clef de voûte de la porte. Il ôte alors son chapeau, il salue de l'épée les couleurs nationales, et, d'une voix retentissante, il ajoute :

— Soldats, vive l'empereur !

Ce cri, répété avec énergie par la ligne, est bientôt perdu au milieu des vociférations du peuple. M. le préfet Fauchet, M. Gramont, maire, M. de Raincy, conseiller de préfecture, M. Massy, employé supérieur des bureaux de la ville, s'efforcent vainement de calmer la foule. On annonce qu'une batterie est attelée dans les cours du château Trompette. Clauzel, irrité, s'écrie :

— Louis XVIII fût-il sur la Gironde, tant que moi, Clauzel, je serai commandant de la ville et du département, le drapeau blanc n'y sera pas arboré.

Ce n'est pas tout. Une commission militaire est formée. Il s'agissait de fusiller M. Damazan de Moisson. L'ordre du jour donné par Clauzel pour la mise en état de siége disait positivement :

«... Les commandants militaires traduiront

devant des conseils de guerre spéciaux les embaucheurs, les prévenus de tous délits tendant à troubler la tranquillité intérieure, à protéger les ennemis de l'État, et empêcher les citoyens et les soldats de se porter à la défense de la patrie. »

M. de Moisson parvint à s'échapper de la ville. Le 17, au milieu de ce déplacement inouï de tous les pouvoirs, M. Fauchet fut instruit officiellement de la nouvelle de la nomination de M. de Tournon à la préfecture de la Gironde, et, dans la soirée, il résigna ses fonctions. M. Gramont, maire des Cent Jours, et M. de Raincy, conseiller de préfecture, arrêtèrent à l'instant des mesures d'ordre, mais il est évident que l'autorité militaire tenait bon par la terreur, jusqu'à ce que le gouvernement royal eût statué sur le sort de l'armée de Waterloo. Durant cet intervalle, pas une plainte ne s'éleva contre le commandement du général Pégot, et des maréchaux de camp sous ses ordres, César et Constantin Faucher, à Bazas, à la Réole et à Langon. Il n'en fut pas de même à Bordeaux.

M. A. de Lur-Saluces, ancien adjoint au maire en 1814, y était arrivé sous le titre et avec les pouvoirs de commissaire du roi Louis XVIII, pour installer, d'accord avec le nouveau préfet, la nouvelle administration. M. de Lur-Saluces était descendu chez M. Dupernoy, président du tribunal civil et l'un des commandants de la garde nationale. On notifia le caractère politique de la mission de M. de Lur-Saluces au général Clauzel.

— Je vois bien, dit le gouverneur à M. Dupernoy, que M. de Lur-Saluces est envoyé au nom et par le roi Louis XVIII, mais il y a aussi des commissaires de l'armée de la Loire depuis longtemps en instance auprès du gouvernement provisoire, à Paris, qui ont pour but d'obtenir des garanties sur le sort des compagnons de fortune de Napoléon, et le prince d'Eckmühl n'a point encore fait part à l'armée de ce qu'ils ont obtenu.

— Mais le général Decaen vient de présenter la soumission du corps d'armée des Pyrénées-Orientales, avant de connaître le résultat des négociations.

— Le général Decaen n'a cependant eu connaissance jusqu'à présent que de la dépêche du 8 juillet, par laquelle Davoust nous prévient de l'ouverture des conférences, et s'il a jugé que cet avis équivalait à des stipulations, cela le regarde ; mais on peut attendre davantage et je ne suis pas pressé.

— On ne préjuge pas la convention ; il s'agit seulement de la remise officielle de l'administration centrale entre les mains d'un agent du roi.

— Pardon ! l'état de siége me confère légalement tous les pouvoirs, comme à l'autorité supérieure militaire la plus élevée du département de la Gironde, jusqu'à ce que le représentant du gouvernement provisoire à l'armée, c'est-à-dire le maréchal Davoust, m'ait transmis ses ordres, et je n'en ai pas reçu.

Ce que Clauzel ne disait pas et ce qu'il sous-entendait peut-être, c'est que, beaucoup plus compromis que le général Decaen, il ne voulait naturellement donner son adhésion qu'en retour de sa sûreté personnelle.

A son discours parfaitement logique, il n'y avait à répondre que par la force, mais la garde nationale de Bordeaux avait par bonheur assez de bon sens pour se maintenir, alors comme en 1814, absolument neutre entre l'exaltation monarchique et le despotisme militaire. Au surplus Clauzel ne s'en tint pas à son discours, qui suffisait : il envoya des gendarmes au domicile de M. de Lur-Saluces. L'état de siége ne rendait pas cette visite fort rassurante. Aussi M. de Saluces jugea-t-il prudent de se cacher, tandis que les gendarmes conduisaient M. Dupernoy en prison. Toutefois l'ordre du jour du général Decaen produisit quelque effet sur le gouverneur, qui, ne prévoyant que trop le dénouement politique, dissolvait peu à peu la garnison de la ville, dont les troupes étaient dirigées sur la Loire. Il en fut de même de l'armée des Pyrénées-Orientales, dont les dépôts évaquaient Toulouse et le *haut pays*, descendaient la Garonne en bateau et remontaient, par le chemin de Bordeaux à Poitiers, dans l'intérieur de la France.

Il y avait à ce moment sur la maison principale de la *forteresse* de la rue Lamar, au centre de l'îlet, un immense drapeau tricolore qui ne fut pas la moindre charge du procès des Faucher et dont les plis majestueux s'apercevaient de très loin sur les deux rives du fleuve, depuis Marmande jusqu'à Langon. Si l'association brillante, purement matérielle, des trois couleurs bleue, blanche et rouge, qui forment l'*œil* de l'étendard national, vous paraît occuper dans ce récit, mon enfant, une trop large place, n'oubliez pas que nous sommes au milieu des populations du Midi, dont les regards parfois mesurent la moralité des choses et l'importance des personnes à leur éclat physique. Le 21 juillet au matin, par une de ces chaleurs qui *fondent les bastilles,* le drapeau de la *forteresse* flottait encore. Ici commence réellement le drame lugubre que j'ai entrepris de vous raconter.

Des détachements de militaires, venant de Toulouse par le fleuve, virent tout d'un coup étinceler à l'horizon, comme une consolante auréole, cette mystérieuse alliance des trois teintes sur la même étoffe qui s'en allait moins vîte du département que Clauzel dans les Cent Jours ne l'y avait fait rentrer. Sur des âmes grossières, épuisées par la vie des camps, mais fortement trempées d'héroïsme gaulois, l'arc-en-ciel de la rue Lamar agit comme un prodige. Ils descendaient de Toulouse, où l'étendard monarchique avait été replacé. Ils crurent un moment à quelque phénomène de l'atmosphère, puis à une illusion trompeuse de leur vue, puis enfin à une seconde résurrection de l'homme au petit chapeau.

Quand les bateaux passèrent précisément sous les plis du drapeau tricolore, l'enthousiasme fut si grand que les patrons de la flottille se virent obligés par les voyageurs de relâcher au port de la Réole. Une fois débarqué, tout le monde se réunit, une députation fut nommée par ces braves, et quarante-cinq sous-officiers vinrent frapper à coups redoublés à la porte de la *forteresse*.

— Ouvrez-nous! criaient-ils, nous sommes des vieux de la vieille.

— Mon oncle est à Bazas, répondit en tremblant Anaïs avec un pieux mensonge; adressez-vous au général Pégot.

— Il y a un ancien dans la maison. Nous voulons marcher contre les Anglais.

Constantin était à la mairie, aux Bénédictins. Il accourut. Les sous-officiers lui montrèrent le drapeau.

— Voilà nos couleurs. Qu'on nous conduise à la défense de la patrie! nous voulons mourir pour elle!

Dans l'impossibilité de leur répondre, tant son émotion était vive, le maire les serrait entre ses bras. Des pleurs tombaient sur leurs galons. Ce qu'il y avait de patriotique dans cette démarche ne tarda pas à rallier autour de la *forteresse* les divers détachements qui arrivaient de Bayonne, de Toulouse et même de Bordeaux. Ce passage continuel des troupes répandit plus aisément, en lui donnant plus d'importance, le bruit de la scène du matin, comme du rôle que Constantin y avait joué. Dans l'après-midi du même jour, César se trouvant à Bordeaux pour son service auprès du général Clauzel, le gouverneur le fit demander.

— Tout est fini, lui dit Clauzel. J'ai reçu des dépêches de Paris. Demain, 22 juillet, au point du jour, les enseignes blanches seront arborées dans mon gouvernement.

— Et l'armée des Pyrénées?

— Ce que je prévoyais est arrivé : l'armée est dissoute. Je ne suis plus jusqu'à nouvel ordre que commandant de la 11e division militaire. Le maréchal Gouvion-Saint-Cyr, nouveau ministre de la guerre, m'écrit en date du 16 juillet de vous transmettre officiellement l'avis que vos fonctions de maréchal de camp, ainsi que celle de M. Constantin, doivent cesser à l'instant même. Vous resterez provisoirement dans vos foyers. Voici l'ordre du ministre.

Dans le pressentiment des réactions qui allaient suivre, un pareil ordre était sérieux. César partit aussitôt par la route de Langon. Une fatalité singulière présida à toutes les circonstances de cette journée. César espérait atteindre Saint-Macaire avant minuit et y trouver la diligence de Bordeaux à Toulouse qui passe à la Réole. Il manqua la diligence. Deux postes et demie séparent Saint-Macaire et la Réole : une mauvaise voiture de louage, découverte à grand'-peine, mit trois heures à faire ce trajet. M. Faucher arriva excédé de fatigue à quatre heures du matin et se coucha. Il n'eût que le temps de dire à son frère Constantin que le matin même, 22, le drapeau blanc devait être, par ordre du gouverneur Clauzel, érigé sur toute la surface de la 11e division militaire. Quand César se leva dans la matinée, Constantin était sorti depuis longtemps.

— Le drapeau blanc est-il arboré? demanda César à mademoiselle Anaïs.

— Aux Bénédictins, oui, dit la jeune fille.

— Cela suffit. Mais que fait ton oncle?

— Vous vous rappelez que l'année dernière, pendant le séjour des Anglais, M. Duluc, un ancien officier, fut condamné à la déportation pour avoir promené devant lord Dalhousie un drapeau tricolore dans les rues de Langon. Eh bien! M. Clauzel a envoyé, il y a quelques jours, à mon oncle Constantin M. Duluc, pour qu'il le plaçât dans le ressort de son commandement. M. Duluc était employé à Bazas. Le peuple, qui l'a reconnu, s'est jeté sur ce malheureux et a voulu le tuer. Prévenu ce matin, mon oncle est sorti pour se rendre à la mairie, d'où il doit écrire au commandant de la gendarmerie de Bazas d'arracher Duluc des mains du peuple et de le reconduire à Bordeaux.

— Constantin est révoqué de ses fonctions depuis hier.

— Depuis hier? s'écria la pauvre nièce, qui comprit aussitôt la portée de l'acte d'humanité de son oncle.

— Mais le courrier n'a pas encore apporté l'ordre direct du ministre, ajouta César; il n'y a que demi-mal.

Cet ordre direct arriva le même jour 22, au soir, par le courrier de Bordeaux; il était confirmatif de l'avis transmis la veille par Clauzel; mais, dans l'intervalle, des soldats en marche, excités par l'exemple des sous-officiers et ne trouvant plus, comme ils y comptaient, le drapeau national sur la *forteresse*, se rendirent en tumulte aux Bénédictins, à l'hôtel de la sous-préfecture. C'étaient des hommes de couleur d'un régiment colonial et un détachement du 41ᵉ de ligne; comme les *quarante-cinq*, ils venaient de Toulouse, ils avaient les mêmes rancunes. Ces soldats demandèrent le sous-préfet Pirly.

— Qu'est devenu le drapeau national? lui dirent-ils avec véhémence.

— Je l'ai remplacé moi-même ce matin par le drapeau royal, répondit avec fermeté M. Pirly.

— Il faut rétablir sur-le-champ le drapeau tricolore, monsieur.

— Je n'en ferai rien!

Quelques heures avant, des chasseurs à cheval du 5ᵉ, traversant la ville, avaient détaché le drapeau blanc qui flottait sur le portail de l'église Saint-Pierre, pour le brûler à l'instant même devant le peuple. Cet exemple stimula les noirs du bataillon colonial. En quittant les Bénédictins, ils se portèrent à l'église Saint-Michel, et le drapeau blanc fut solennellement brûlé dans la rue. Les exécuteurs de ce supplice ne partirent qu'après avoir reçu de M. Pirly un à-compte sur leur solde.

La scène des *quarante-cinq*, cette nouvelle insulte aux enseignes royales et la délivrance de M. Duluc, on les apprit pour ainsi dire en même temps à Bordeaux. Vous eussiez dit que Lous XVIII lui-même était brûlé. A ce moment il n'y avait pas dans la ville d'autorité proprement dite. M. le préfet Fauchet parti, l'administration était tombée entre les mains de M. de Raincy et de M. Gramont, dévoués à la ville, sans doute, mais faibles. On attendait d'heure en heure le nouveau préfet, M. de Tournon, et, dans cette attente, M. de Lur-Saluces et le général Clauzel se gardaient avec raison de se rencontrer sur le terrain administratif avec des forces incompatibles. Quoique le général Clauzel n'eût guère plus de douze cents hommes, l'attitude conciliante de la garde nationale empêchait qu'elle ne se portât de l'un ou de l'autre côté de la balance. Aussi Bordeaux était-il en proie à une confusion d'autant plus singulière, que tout le monde s'y trouvait maître, et que chacun, par mesure de sûreté individuelle, ne voulait désobliger personne.

Cependant les volontaires royaux, dont le corps se reformait en ville depuis la rentrée de Louis XVIII à Paris, exaspérés par les nouvelles de la Réole, quittèrent Bordeaux au grand trot, sans prendre avis de la préfecture ni du commandant militaire, et dans le but de rétablir eux-mêmes partout les municipalités telles que le gouvernement de la première restauration les avait laissées au 20 mars 1815. Ils firent leur entrée à la Réole, le 24, suivis d'une foule ardente de paysans. Le sous-préfet Pirly vint au-devant de cette bande. Grâce à l'effroi que sa présence inspire, M. de Peyrusse, ancien maire en 1814, et M. de Lavaissière, adjoint, reprennent les fonctions municipales sans installation nouvelle, sans mot dire aux fonctionnaires de la municipalité des Cent Jours et en ordonnant, pour toute mesure légale, qu'un *Te Deum* fut immédiatement chanté à l'église.

La Réole, une ville de quatre mille âmes, est bientôt livrée au plus affreux désordre. Les volontaires commencent par bloquer les murs de la *forteresse*. Ils explorent ses avenues, ses portes, ses ressources défensives. Les Faucher ne bougeaient pas. Ni plaintes ni menaces. Leur maison était silencieuse comme le tombeau. Une correspondance active s'établit toutefois entre la *forteresse* et le nouveau maire. Dans leur lettre du 24 au soir, César et Constantin disaient :

« ..... Nous apprenons à l'instant qu'on

pousse sur notre maison un attroupement armé, sous le prétexte de nous demander un drapeau tricolore. Nous avons appris de vous qu'il fallait détruire les drapeaux qui cessaient d'être les couleurs nationales; nous avons détruit le drapeau tricolore, comme vous avez détruit, il y a trois mois, les enseignes et le drapeau blancs, etc. »

Dans la lettre du 26, M. de Peyrusse répondait :

« ..... Quant à ce qui vous regarde personnellement, messieurs, et relativement aux craintes que vous me témoignâtes hier sur une violation de domicile, j'ai l'honneur de vous assurer de nouveau que nul rassemblement de quelque genre qu'il soit ne peut pénétrer chez vous sans me passer sur le corps et ensanglanter l'écharpe municipale. Pour agir de la sorte, je vous prie de croire que je n'ai pas besoin de ma qualité de magistrat, etc. »

Par l'intention satirique de la première lettre, on voit que la causticité imprudente des Faucher ne pardonnait pas même au milieu du danger; par le noble langage de la seconde, on sent combien les excès réactionnaires durent être considérables, puisque de tels caractères échouèrent à les réprimer. Mais M. Lainé et M. Lynch n'étaient plus dans le département; les volontaires se souvenaient de leur défaite du Carbon-Blanc; la duchesse d'Angoulême promettait de revenir à Bordeaux pour la Saint-Louis au mois d'août. Que de motifs pour que la réaction fût implacable!

VII

Prévenus que le 27, au soir, le tocsin devait être sonné à l'improviste dans la Réole, César et Constantin se doutèrent, avec raison, que cette mesure extrême regardait le siège, peut-être l'assaut de leur domicile. Le péril devenait trop grave pour ne pas s'inquiéter du sort de la jeune fille dont ils répondaient devant Dieu et devant les hommes. Les deux frères écrivirent alors au général Clauzel, par une voie certaine, non plus comme fonctionnaires de l'armée, mais en qualité d'amis et par solidarité de malheur politique, une lettre confidentielle où se remarquaient, dans l'exposition de leur blocus, les phrases suivantes :

« ..... Notre maison est réellement en état de siége ; et, au moment où nous vous écrivons, nos *armes sont là*, nos avenues éclairées et le corps de la place en défense, et nous ne craignons pas la désertion de la garnison de la place.

« ..... Nous enlèverions ces messieurs et comprimerions leurs satellites ; ce serait l'affaire de deux heures en plein midi, avec les seules forces que notre population bonne nous offre; mais nous craignons que cet acte de juste défense ne puisse être le signal de la guerre civile, ou tout au moins ne contrarie les dispositions de notre général, spécialement encore chargé de tout ce qui tient à l'ordre public. Nous vous aurions une grande obligation si vous nous disiez quelle est la marche que nous devons tenir, dans cet état de crise, pour être en aide à la patrie en souffrance. Cette lettre vous est écrite par un patriote de confiance, etc. »

« Donnez-moi une ligne de l'écriture d'un homme, disait Laubardemont, j'y trouverai de quoi le faire pendre. » Dans cette lettre fort longue, il y avait plus d'une ligne, mais nous avons choisi le texte le moins innocent. Quand le général Clauzel la reçut, il venait aussi de recevoir l'ordonnance royale qui déclarait traîtres au roi tous ceux qui avaient pris les armes avant le 23 mars. A ce titre, il s'y trouvait porté lui-même, et cependant sa conduite était tellement couverte par la responsabilité supérieure à la sienne du prince d'Eckmülh, que, le 27 juillet, en recevant à Bourges ampliation de l'ordonnance du 24, Davoust écrivit sur-le-champ au ministre Gouvion-Saint-Cyr une lettre où il disait :

« ... Je vois dans l'article 1er de votre ordonnance les noms des généraux Gilly, Grouchy, *Clauzel* et de Laborde. S'ils y sont mis pour leur conduite au Pont-Saint-Esprit, à Lyon, à *Bordeaux* et à Toulouse, c'est la plus grave méprise, puisqu'ils n'ont fait qu'obéir aux ordres que je leur ai donnés en ma qualité de ministre de la guerre. Il faut donc substituer mon nom aux leurs. »

Néanmoins, quoique le général Clauzel eût publié, à l'arrivée de M. de Tournon à Bordeaux, un ordre du jour que nous souhaiterions ne pas rencontrer dans ses œuvres militaires et qui essayait tardivement, par des expressions caressantes, de détruire le mauvais effet de sa dictature provisoire, ou au moins de provoquer la clémence du souverain, on ne pouvait se dissimuler qu'il était perdu. Sans doute, pour peu que vous vous rappeliez, mon enfant, cette conversation si précise tenue chez Davoust, au ministère, entre M. Dupont-Chaumont et M. Clauzel, *le 24 mars*, rien n'était plus évident que son innocence, puisqu'à cette époque le général n'avait pas encore accepté le gouvernement de Bordeaux. D'ailleurs, la duchesse d'Angoulême s'était exprimé sur son compte à M. de Martignac, à Bordeaux même, en termes cléments; elle avait renouvelé cette profession de bienveillance, en débarquant en Angleterre, au roi lui-même au retour de Gand, à Clauzel en personne par intermédiaire, par M. de la Tour, à son entrée à Paris.

Mais l'influence britannique, trop clairement complice des tables de proscription du 24 juillet, avait reçu de tels affronts dans la Gironde, le départ de *Madame* avait tellement répandu de doutes sur le dévoûment proverbial de la ville, que les mystifiés du 20 mars se croyaient en droit de passer mystificateurs en juillet, et les événements de la Réoles prouvaient que, pour se garantir de leur colère, il n'y avait pas de temps à perdre.

Alors, par une de ces aberrations momentanées d'esprit qui se retrouvent néanmoins dans l'histoire des caractères les plus fortement trempés et des intelligences politiques les mieux organisées, le genéral Clauzel remit le 28 au matin à M. de Tournon cette lettre du 27, envoyée secrètement par les Faucher, pour que le préfet eût à prendre des mesures d'ordre à la Réole. Cette remise faite, le commandement des troupes passé au général Darmagnac, Clauzel quitta Bordeaux.

On crut qu'il s'était embarqué le matin même pour l'Amérique, mais ce ne fut que dans le courant de novembre. Il essaya d'abord de rejoindre l'armée de la Loire. Quand l'inutilité de cette tentative fut reconnue, Clauzel accepta les offres d'un capitaine de la marine marchande des Etats-Unis. Le roi Christophe d'Haïti avait promis cent mille francs de récompense, et son compétiteur, le président Pétion, cent milliers de café au marin qui sauverait le général. A l'honneur de la marine des États-Unis, il faut noter que le capitaine américain refusa la récompense promise sous les deux espèces.

Cependant, à la Réole, l'éveil donné sur le tocsin avait éventé le projet d'assaut. Le 29, vingt-quatre heures seulement après le départ de Clauzel, M. de Tournon, qui n'avait pas pu, à ce qu'il semble, mettre la main sur le général, prit un arrêté contre les Faucher où, dès la première ligne, on lisait : « *Vu* la lettre écrite à M. Clauzel et à nous *officiellement* transmise par ce général, hier 28. » Par cet arrêté M. de Tournon désignait la *forteresse* de la rue Lamar comme un repaire dangereux pour l'ordre public, en révolte actuelle ou prochaine. Vingt-cinq gendarmes, soixante-dix officiers espagnols et une garde nationale nombreuse partirent immédiatement de Bordeaux pour la Réole.

Nous avons vu plus haut que la prétendue garnison de cette *forteresse* était composée, indépendamment des deux frères Faucher, de mademoiselle Anaïs, leur nièce, du jeune Bruno Faucher, enfant de douze ans, et de deux domestiques.

Le 31 juillet, dans l'après-midi, la famille était réunie dans le salon, lorsque, sans se faire annoncer, le capitaine et le lieutenant de la gendarmerie, et M. Lavaissière, adjoint, entrèrent. Les gendarmes occupaient les cours et la porte principale; les Espagnols cernaient par les rues la masse entière de l'édifice, et les volontaires royaux des campagnes éclairaient au loin le corps de la place.

Perquisition faite, on trouva neuf fusils en état de service, une douzaine de sabres ou épées, sept piques et huit petits pierriers, qui n'étaient bons, dit alors le commandant de gendarmerie Maury, qu'à faire du bruit. Durant la visite, M. Dunoguès, commandant militaire nouveau de la Réole, M. Dumoulin, procureur du roi, et le sous-préfet Pirly, étaient en permanence aux Bénédictins.

— Si j'avais cru, leur dit à son retour le chef d'escadron espagnol, que M. de Tournon me dérangeait pour de semblables misères, je n'aurais pas quitté Bordeaux.

M. Dumoulin n'en saisit pas moins la plume pour écrire au capitaine Maury la lettre suivante :

« Le bruit public m'informe que par suite de l'opération à laquelle vous procédez chez les frères Faucher, et dont vous m'informez par votre lettre de ce jour, vous avez trouvé plusieurs fusils, épées, sabres et pierriers. Si ce fait est vrai, il me paraît constituer le crime prévu par l'art. 93 du code pénal. En conséquence et procédant en vertu des art. 45 et 51 du code criminel, j'ai l'honneur de vous requérir de faire saisir et traduire devant moi les frères Faucher, et d'y faire apporter les armes et autres pièces de conviction trouvées chez eux. »

Tel fut le premier acte de cette étrange procédure. Dans la matinée du 31 juillet, on avait eu soin de faire publier au son du tambour que tout individu détenteur d'armes de calibre serait traduit devant une commission militaire. Les différentes phases de l'instruction judiciaire se succédèrent rapidement. Chaque fois que César et Constantin traversaient la Réole, la force publique ne garantissait qu'à grand'peine leur existence. Plusieurs projets d'assassinat ne manquèrent, comme dit l'argot de la procédure, que par suite de circonstances indépendantes de la volonté de leurs auteurs. La Réole d'ailleurs comptait trop d'amis de la famille Faucher pour que de tels excès y fussent encore possibles. Mais, dans le transfèrement des deux prévenus à Bordeaux, le 4 août, les circonstances furent plus graves, parce que les intentions étaient moins gênées.

Les *Salinières* sont un quartier de Bordeaux qui occupe la rive gauche de la Garonne, en amont de la ville, et où viennent amarrer les bateaux qui descendent du *haut pays*. On avait placé les deux frères sur une embarcation avec une escorte composée de dix gendarmes ou officiers espagnols et de dix gardes nationaux. Ces vingt personnes étaient nécessaires autant pour tranquilliser le parquet de la Réole sur sa capture que pour assurer la vie des Faucher contre l'exaspération de la multitude. Un matelas, étendu au fond du bateau, avait reçu les deux frères garrottés. Dans le trajet, un des gardes dit à demi-voix :

— N... nous attend aux *Salinières*. C'est convenu.

— Il a promis, dit un autre, de se trouver au marché.

César, qui essayait de dormir, à cause de la chaleur, et qui avait les yeux fermés, entendit cette conversation laconique mais significative.

— Si nous débarquions à Brienne? demanda-t-il au maréchal des logis de gendarmerie Bensfield, en lui communiquant ce qu'il avait entendu. (Brienne est un petit port à un demi kilomètre de Bordeaux.)

— Je suis de votre avis, répondit Bensfield à voix haute; et il ajouta en s'adressant au patron du bateau : Brassille, vous débarquerez à Brienne.

L'attroupement était en effet considérable aux *Salinières*. On venait d'apprendre que le duc et la duchesse d'Angoulême étaient sur le point de quitter Paris pour se rendre à Bordeaux. Toute la ville fredonnait les couplets de la *Saint-George,* vaudeville composé par M. de Martignac en 1814 pour célébrer l'entrée des Anglais au 12 mars, et dont le grand théâtre donnait une reprise. L'exaltation des hautes classes avait gagné le peuple, et le cuisinier Lamoureux, en appercevant de sa fenêtre cet attroupement des *Salinières*, avait cru un moment à la reproduction des scènes du 1ᵉʳ avril. Aussi les croisées de sa modeste *villa* de la Bastide furent-elles closes, tant l'horreur des réactions agissait sur ce royaliste sincère et honnête, depuis que ses yeux avaient vu de près le tumulte des passions politiques de la Réole.

Comme le bateau touchait à Brienne, les mêmes gardes, furieux que leur complot eût échoué, imaginèrent un nouveau piége, et ils dirent à M. Bensfield hypocritement :

— Maréchal des logis, les prévenus sont incapables de se rendre à pied de Brienne au fort du Hâ. Puisque vous avez voulu qu'on amarrât ici, laissez-nous faire approcher une voiture de louage. Nous ne sommes pas moins jaloux que vous du bon état de nos prisonniers.

— Si vous accordez cela, monsieur, murmura précipitamment César à l'oreille de M. Bensfield, nous serons massacrés !

— C'est impossible, répondit froidement le maréchal des logis aux gardes.

— Nous sommes responsables des prévenus ; nous irons chercher une voiture.

— Je vous le défends ! fut obligé de s'écrier M. Bensfield, et je vous consigne même à bord du bateau.

On se tut. Le débarquement s'effectua. Un marinier alla chercher la voiture, où les deux Faucher montèrent sur-le-champ. M. Bensfield donna ordre au cocher de prendre par la rue Saint-Jean pour atteindre le fort du Hâ sans passer par Bordeaux. Cependant, à son insu, un garde s'était placé derrière le carosse. L'uniforme de cet homme, visible d'assez loin, éveilla l'attention des plus alertes de la foule qui stationnait aux Salinières. En un clin d'œil l'attroupement se porta du quai aux abords de la rue Saint-Jean, et les deux frères furent persuadés que leurs derniers instants étaient venus.

Mais le courageux Bensfield n'était pas homme

à reculer devant ce danger imprévu. Fouettés avec vigueur, les chevaux du fiacre entraînèrent les Faucher si vite que la populace n'eût pas le temps de se reconnaître.

Bientôt, cette vieille prison, qui était jadis le phare des navigateurs de la Garonne et dont les cachots avaient gardé d'une origine si bizarre l'aspect d'une caverne de forbans sous-marine, le fort du Hâ ouvrit aux deux frères, non pas sa cour pour dettes, non pas même sa division des prévenus, mais bien, par ordre supérieur, le quartier des condamnés au bagne, et ce fut au milieu des escrocs, des faussaires et des meurtriers que les agents de la restauration se hâtèrent de plonger, jusqu'au jour du sacrifice, les victimes qui étaient naguère investies de l'autorité municipale, revêtues de hautes fonctions militaires, et sur la poitrine desquelles brillait toujours l'étoile de la Légion d'honneur attachée par Napoléon.

VIII

Un homme d'un esprit charmant et d'une âme toute française, M. Auguste de Staël, écrivait en juillet 1815 à quelqu'un de Londres, une lettre qui se terminait par ces phrases douloureuses où se trouve dépeinte la situation entière de l'époque :

rine et de lucre. Il fut aisé d'ailleurs de voir combien les passions locales sympathisaient avec les rancunes étrangères, par la couleur de l'article du *Mémorial bordelais* qui prévint les habitants de l'incarcération des Faucher.

« ... Constantin et César Faucher, de la Réole, ces deux misérables que leur conduite forcenée a su rendre si fameux parmi nous, et dont on ne prononce le nom qu'avec horreur, viennent enfin d'être pris et jetés dans les prisons de la Réole... Il est impossible de peindre l'indignation de ce peuple immense, groupé autour d'eux et les accablant des injures les plus outrageantes : Monstres ! Bêtes féroces ! Scélérats ! Telles étaient les épithètes qui leur pleuvaient de toutes parts. Celui-ci leur redemandait l'argent qu'ils lui avaient volé ; celui-là son père qu'ils firent jadis périr sur l'échafaud. Les paysans surtout étaient furieux, et tous les voulaient mettre en pièces. Un de ces paysans tenait même déjà César par son habit : un mouvement de plus, et il était perdu... Si des êtres aussi vils, aussi profondément méprisables pouvaient être humiliés de quelque chose, ils l'eussent été sans doute de se voir ainsi l'objet de l'exécration publique, et de ne devoir leur salut qu'à ceux-là mêmes qu'ils tourmentèrent le plus durant leur odieuse puissance... Le procès de ces coupables s'instruit sans relâche à la Réole. Nous pouvons donc espérer qu'enfin justice sera faite de leurs infâmes turpitudes. Puisse leur *châtiment* effrayer ceux qui seraient tentés de les imiter! Mais puissent surtout *de bien plus grands coupables encore ne pas échapper à celui qu'appelle sur leurs têtes la France indignée de leurs exécrables forfaits!...* »

Voilà comment s'exprimait le *Mémorial bordelais*, au moment même où la gendarmerie et les gardes nationaux transféraient les Faucher au fort du Hâ. Et cependant il y avait des fonctionnaires honorables, distingués, comme MM. de Tournon, de Lur-Saluces, Darmagnac, dans cette ville de mœurs si aimables et d'une population si intelligente !

Mais, en temps de réaction politique, c'est la minorité passionnée qui domine par ses passions mêmes, en dépit du nombre relativement considérable des gens froids. D'ailleurs on est porté à croire que la situation de Bordeaux convenait au gouvernement central, puisque le personnel administratif de cette ville, trois années après le drame de la Réole, n'avait pas subi le moindre changement.

Le transfèrement de la Réole à Bordeaux avait eu lieu d'après une ordonnance du procureur général ainsi conçue : « *Du 2 août* 1815. Le procureur général ordonne d'extraire et conduire sans délai, sous bonne et sûre escorte, les sieurs César et Constantin Faucher frères, des prisons de la Réole, où ils sont détenus, au château du Hâ, *pour y être à la disposition* du procureur général du roi. »

Le substitut les avait fait emprisonner à la

Réole pour un *dépôt d'armes*. Soit que l'accusation parût trop ridicule au magistrat supérieur, soit que le pouvoir discrétionnaire lui semblât plus digne de l'époque, il ne prit pas la peine, comme vous le voyez, de motiver son ordonnance.

Le 8 août, les accusés furent amenés devant le procureur général, M. Rateau, pour leur premier interrogatoire.

D. Je vous interroge, dit le magistrat, afin de connaître de quel tribunal ressort le crime dont vous êtes prévenus.

R. Mais l'ordonnance royale du 24 juillet et l'arrêté ministériel du 27 écartent les délits politiques. Comment nous en accuserez vous? Quoique nous soyons prêts à vous répondre, nous déclarons que nous ne cédons qu'à la force en vous répondant.

D. Il vous restera, messieurs, à prouver si, comme militaires, l'ordonnance et l'arrêté ne vous atteignent pas pour crime de haute trahison envers le roi. Je commence. N'est-ce pas sur vos conseils que fut exécuté, en 1814, le coup de main du 118ᵉ régiment, lorsque son dépôt de Marmande enleva le poste anglais du Pont-de-Gironde?

R. Ce n'est pas plus sur nos conseils que par l'avis de MM. de Peyrusse, de Lavaissière et de Verduzan, qui voulaient comme nous culbuter les hussards de lord Dalhousie, et dont les deux premiers viennent de reprendre les fonctions municipales à la Réole.

D. Ces messieurs, simples propriétaires, n'avaient aucune influence directe sur les troupes de Bonaparte, tandis que vous, généraux de brigade sous la république, anciens sous-préet et membre du conseil de la Gironde, vous entreteniez des relations avec les chefs de corps.

R. La proclamation du maréchal Soult appelait aux armes tous les habitants du Midi. Un nouveau gouvernement n'avait pas encore statué que l'envahissement du territoire par les

Anglais, fût le signal de notre délivrance. Nous avons pensé un moment à brûler une amorce contre les hussards, mais l'attaque du Pont-de-Gironde n'est due qu'à la bravoure et au patriotisme du 118ᵉ.

D. Si je vous fais cette question, c'est qu'on parla de vous traduire, à cette époque, devant un conseil de guerre, de vous traiter comme des individus qui prennent part sans titre aux mouvements des armées, et que des antécédents de cette nature se rapportent exactement à votre situation actuelle.

R. Il n'entrera jamais dans notre système de défense de répondre à la calomnie, à moins que vous n'en citiez les auteurs.

D. Nos lois assurent leur protection aux sujets du roi assez fidèles pour braver les haines en découvrant à la justice de Sa Majesté les complots nuisibles à l'État, et, quel que soit le caractère du reproche transmis au parquet, mon devoir est de vous en adresser la question, sans que vous ayez le droit de remonter jusqu'à la source de mes renseignements.

R. Ainsi, votre haute magistrature peut, sur une simple prévention, sans garantie de la part du dénonciateur, plonger au cachot des citoyens irréprochables ! Elle ressemble encore à ce confesseur qui, ne distinguant pas un *ébéniste* d'un *janséniste*, refusa l'absolution au premier de peur de sauver le second. Du reste nous pouvons être des victimes réservées, mais nous ne serons jamais des victimes résignées. Si l'on nous frappe, on nous frappera debout.

IX

Ce premier interrogatoire, que je vous donne seulement en substance, n'avait donc porté que sur les faits antérieurs à 1815. Si la pensée intime des hauts fonctionnaires du gouvernement central, quelqu'ils fussent, mais supérieurs à M. Rateau, était de trouver les Faucher justiciables d'un conseil de guerre, on ne pouvait établir une culpabilité de cette nature qu'en prouvant une corrélation manifeste entre les faits de 1814 et ceux de 1815, au point de vue du service des armées. Toutefois l'interrogatoire du 8 août, en ce sens, ne prouvait rien encore.

Le lendemain 9 août 1815, eut lieu le second interrogatoire des frères Faucher. Le procureur général commença en ces termes :

D. Vous étiez à Paris en février 1815, précisément à l'époque où se tramait la conspiration qui a ramené l'usurpateur de l'île d'Elbe en France?

R. Il est à la connaissance de Bordeaux même que c'était pour affaires privées qui ne souffraient pas de retard. D'ailleurs nous n'avons reparu à la Réole que bien après le 20 mars, et le 4 mai seulement.

D. Oui, sans doute; mais le 4 avril, au moment où S. A. R. madame la duchesse d'Angoulême s'éloignait de Bordeaux, tandis que vous étiez à Paris, n'est-il pas sorti de votre maison, à la Réole, un drapeau tricolore, et ce drapeau séditieux, qui paraissait être une insulte au départ d'une auguste princesse, ne fut-il pas brodé par mademoiselle Anaïs Faucher, votre petite nièce?

R. Sommes-nous, monsieur le procureur général, au temps du maréchal de Marillac, dont les juges méritèrent du cardinal de Richelieu ces éloges : que Dieu leur avait donné plus de lumières qu'aux autres hommes, puisqu'ils avaient trouvé digne de mort, pour deux bottes de paille, le maréchal que la France entière et l'Europe reconnaissaient homme de bien?

D. Cela n'est pas répondre. Je passe à une question plus grave. Le 4 mai, à votre arrivée de Paris, n'avez-vous pas distribué à la Réole, à très-petits morceaux, au peuple qui entourait votre maison, un gros pain que vous lui dites que l'usurpateur vous avait donné dans ce but?

R. Nous avons bien vu nos prêtres et notre archevêque encenser Napoléon comme le représentant du Très-Haut; nous avons bien vu le pape le montrer au peuple en le déclarant l'oint du Seigneur; mais il restait au délire de la réaction actuelle d'en faire le prototype du Christ, en supposant qu'on pouvait le donner sous forme de pain aux adeptes.

D. Le ministre Carnot ne vous a-t-il pas confié quelques missions secrètes?

R. Les recommandations que nous a faites M. le ministre Carnot ont été celles d'un sage, supérieur aux passions et indépendant des circonstances.

D. Monsieur César Faucher, n'avez-vous pas été nommé le 14 mai député à la prétendue représentation nationale par le collége électoral de la Réole?

— R. Nous n'étions, mon frère ni moi,

membres de cette assemblée. Le choix des électeurs fut donc parfaitement libre.

— D. D'accord, mais votre influence a déterminé les opérations. M. Constantin Faucher, n'avez-vous pas été élu maire de la Réole, le 20 mai, par trente personnes seulement, les électeurs membres de l'assemblée s'étant retirés en masse à cause du trouble qui y existait?

— R. L'assemblée était de trois cents personnes, et j'ai réuni plus des quatre cinquièmes des voix. L'officier commandant la gendarmerie a constamment assisté au dépouillement des votes, le juge de paix était aussi présent et on n'a formé aucune plainte. Ce qui prouve la presque unanimité des suffrages, c'est que nous avons porté à l'empereur une adresse des habitants de la Réole qui était revêtue de plus de quatorze cents signatures.

D. Cette preuve n'en est pas une, attendu que vos signataires n'étaient pas électeurs, il s'en faut même de beaucoup. Ensuite vous oubliez que le prétendu gouvernement des Cent Jours ayant rendu l'élection de leurs maires aux communes de moins de cinq milles âmes, cette mesure naturellement révolutionnaire éloignait du collége les personnes qui, malgré l'usurpation la plus violente, restaient fidèles au roi Louis XVIII, à la monarchie légitime et à la charte constitutionnelle. Mais il y a des circonstances plus aggravantes. N'avez-vous pas fait répandre *sourdement* la nouvelle de la paix que vous proclamâtes, le 30 juin, en uniforme de maréchaux de camp, et même annoncé Napoléon II, accompagnés de trente perturbateurs ?

— R. C'est tout uniment impossible, puisque la nouvelle de la paix, que nous avons proclamée le 30 juin, n'est arrivée que le 28 au matin, à dix heures, par estafette, à Bordeaux. Et si nous avons annoncé Napoléon II, ce qui d'ailleurs est faux, vous savez bien que la chambre des représentants s'est un moment occupée des droits du fils de l'empereur, et qu'en parlant de ces droits au peuple, nous n'étions que l'écho des débats parlementaires.

— D. Vous avez organisé une fédération à la Réole?

— R. La fédération est une opération administrative. Les citoyens la proposent entre eux bénévolement, le sous-préfet la dirige, le préfet lui donne force et régularité par sa sanction. C'est ce qui a eu lieu pour tous les pactes fédératifs, c'est ce qui est arrivé à Sainte-Foy-la-Grande. Mais, à la Réole, le journal officiel, les arrêtés de préfecture, les registres du sous-préfet n'ont dit mot d'une organisation fédérale. Donc il n'a pas été formé un corps de fédérés à la Réole. Si maintenant...

— D. Permettez! Voici un programme imprimé et publié où vos signatures suivent ces mots : *Commissaires de la Fédération la Réolaise.* Vous étiez donc commissaires de la fédération, ou, en d'autres termes, du corps des fédérés de la Réole, comme furent désignés par toute la France, et spécialement dans la Gironde, les commissaires des fédérés.

— R. Il n'y a qu'un inconvénient, monsieur le procureur général, c'est que fédération en ce sens ne serait pas français. Nous étions commissaires de la fédération, c'est-à-dire de la fête fédérative de 1790.

— D. Je n'insiste pas; seulement il est fâcheux que le programme de votre fédération soit daté du 4 juillet, précisément le lendemain de l'ordre du jour du gouverneur Clauzel pour la mise en état de siége. Continuons. Le 22 juillet, des noirs du bataillon colonial, ainsi qu'un détachement du 41°, passaient de grand matin en bateau sur la rivière, allant de Toulouse à Bordeaux. Ils s'arrêtèrent à la Réole, insultèrent le sous-préfet et le curé, brûlèrent même enfin le drapeau royal. N'est-ce pas vous qui avez excité ces militaires à commettre un pareil crime?

— R. Ce fut si peu nous que par nos mains le drapeau royal était arboré, le 22, avant le jour.

— D. Si ce n'est pas vous, pourquoi, à l'aide de votre grande influence, n'avoir pas calmé ces militaires, lorsque le sous-préfet était insulté, lorsque la campagne de M. de Verduzan, à Montagoudin, était pillée, lorsque.....

— R. Par une raison bien simple, c'est qu'il était impossible de prévoir que le 22 au matin passerait sur la rivière un bateau qui débarquerait à l'improviste des pillards.

— D. Cependant, un sieur Albert, qui avait été en 1793 membre d'un comité révolutionnaire et de la commission militaire du district, n'a-t-il pas, à la tête des fédérés de la Réole, assailli, le 24 juillet, par des cris de Vive l'empereur! les volontaires royaux envoyés par M. de Tournon, et cet Albert n'était-il pas inspiré par vous?

— R. *Inspiré*, M. le procureur général!

L'expression n'est pas heureuse. Comment aurions-nous inspiré quelque chose à qui que ce soit de la Réole, puisque, du 24 au 31 juillet, nous nous barricadâmes dans notre maison pour n'être pas massacrés par les volontaires royaux; qu'à notre porte même, un homme, M. Vacquey, n'ayant pas crié assez haut *Vive le roi!* tomba mort sous le bâton; que la sous-préfecture licenciait régulièrement les militaires de passage qui auraient pu prêter main-forte, qu'à chacune des issues de notre propriété veillait nuit et jour un garde national, couchant en joue nos fenêtres!

— D. Une patrouille de gardes nationaux, passant dans la rue Lamar, à minuit, a distinctement entendu prononcer dans l'intérieur de votre jardin ces mots qui ne sont en usage que dans les places de guerre et qui annoncent la rébellion : *Qui vive?*

— R. Loin de vous répondre, monsieur le procureur général, ce qui ne serait pas facile gravement, tant la question est plaisante, nous vous demanderons à notre tour si les mots : *Qui vive?* étaient bien redoutables le 24, puisque, dès le 22, grâces aux enseignes blanches par nous arborées, un adjoint au maire de Marmande, aidé de quelques particuliers, a suffi pour mettre à la raison ces beaucoup plus redoutables nègres qui les avaient brûlées ?

— D. Mais si, au lieu de faire arborer le drapeau royal avant le jour, vous l'aviez promené dès le matin avec pompe dans la ville, le peuple aurait été averti du changement de couleurs et aurait pu défendre les blanches.

— R. Monsieur le procureur général, un jésuite fort connu, le père M... oncle de madame de Fontanes, nous disait un jour, sous le Consulat (il y a longtemps) :... « On n'a trouvé dans les époques modernes qu'un moyen pour modérer l'esprit de désorganisation sociale, c'est de faire dévorer périodiquement par la guerre cette superfétation raisonneuse qui se présente chez les peuples après un repos de quelques années. Les peuples effectivement, occupés à cicatriser leurs blessures, à réparer leurs pertes, laissent alors respirer leurs gouvernants; et, quand le virus raisonneur commence à se montrer, la défense des frontières ou le redressement de griefs prétendus appelle chacun aux armes, et le repos de l'Europe est maintenu précisément par cette guerre qui circule sur la surface. La mise en action de ce plan fut ajournée par les craintes assez naturelles qu'inspirait l'ambition des cours de Vienne et de Berlin; l'explosion de 1789 ensuite déjoua tous les projets et ébranla tous les trônes. Mais quand l'Europe aura repris son assiette, elle sera obligée de recourir au moyen ci-dessus proposé sous peine de nouvelles secousses qui pourraient bien du coup renverser l'édifice social... » Ce que disait là le père M... de la guerre, monsieur le procureur général, nous nous en sommes plus que jamais souvenus, lorsque trois fois, dans l'espace de cent jours, notre pays changea de gouvernement sous nos yeux. Tant de sang français, et du plus noble, fut inutilement répandu dans ce jeu de hasard, que les prédictions du jésuite nous avaient rendus de la circonspection la plus extrême, surtout dans une ville du Midi, à l'endroit des *revirades* qui pouvaient ajourner encore l'heure du repos sans profit moral pour les spéculateurs de la guerre. Arborer les enseignes blanches d'une manière éclatante à la Réole, c'eût été provoquer une réaction qui n'aurait pas donné un zeste de plus d'autorité politique à l'établissement de Louis XVIII, tandis que les haines se seraient prolongées par de nouveaux sacrifices. Qu'en pensez-vous?

— D. Je ne suis pas ici pour vous communiquer mon opinion à cet égard. Vous écriviez le 27 juillet au général Clauzel comme au général en chef gouverneur, et vous saviez et vous deviez savoir qu'il était en révolte, qu'il se maintenait en place, depuis le 3 juillet, par la terreur.

— Ce n'est pas un compliment que vous faites à Bordeaux, qui est peuplé de plus de cent mille habitants, décoré d'une garde nationale nombreuse, brillanté d'un corps de gardes royaux; ville où, depuis le 29 juillet, des femmes et des enfants font eux-mêmes des arrestations; ce n'est pas un compliment, monsieur, puisque le général Clauzel, sur la fin de l'état de siége, avait tout au plus douze cents hommes :

— D. Venez au fait.

— R. Nous y venons. Le roi, par une mesure générale, a disposé le 16 juillet que nous cesserions nos fonctions de généraux. Le ministre du roi, M. Gouvion Saint-Cyr, a chargé le général en chef gouverneur, comte Clauzel, de transmettre cet ordre à César Faucher et à Constantin Faucher, employés maréchaux de camp dans son armée. C'est par ce général en chef, gouverneur sous l'autorité du roi, que le 21 juillet nous avons reçu cet ordre du roi. Le général Clauzel partit le 28 dans la matinée. Ce jour-là, le général Darmagnac, maintenu par le roi, publia qu'il succédait au général Clauzel, d'après l'ordre du jour de ce général en chef gouverneur, qui le chargeait du commandement. Voilà donc l'autorité militaire, bien légitime, bien royale, reconnaissant le général Clauzel, après son départ, comme bien légitimement général en chef gouverneur jusqu'au moment de son départ.

— D. Alors, pourquoi avez-vous pris, le 19 juin, du service?

— R. Si nous avions pu hésiter devant un ordre donné au nom d'un homme à qui dans ce moment obéissait la France entière, la conduite des magistrats de Bordeaux eût tranquillisé notre conscience. Après la révolution du 20 mars 1815, si vous, M. le procureur général, vous avez refusé de servir Napoléon, M. le baron

Brezets, premier président de la cour royale, lui a fait serment et l'a servi; M. Desèze, frère du défenseur de Louis XVI, frère du premier président de la cour suprême, M. Desèze lui a fait serment et l'a servi; et vos fonctions, monsieur, ont été confiées par le 20 mars à votre prédécesseur et collègue, à M. Buhan, qui a fait serment à Napoléon et l'a servi; et toutefois M. Buhan, par votre protection, a été récemment élu bâtonnier de l'ordre des avocats de Bordeaux. Enfin, quand nous arrivons de Paris à la Réole, le 19 juin, nous trouvons M. Pirly, sous-préfet nommé par le roi, qui a fait serment à Napoléon et l'a servi. Il en est de même du président, des juges du tribunal et de votre substitut, M. J.-J. Dumoulin. Cependant tous ces messieurs n'étaient pas, comme des soldats, tenus à l'obéissance passive. C'est par libre arbitre, suivant leur choix, qu'ils ont fait serment à Napoléon et qu'ils l'ont servi. Vous ne pouvez donc pas nous reprocher devant la cour royale de Bordeaux, devant les magistrats de Bordeaux, d'avoir servi militairement Napoléon depuis le 19 juin, quand ils nous donnaient tous le même exemple dans l'ordre judiciaire à cette époque.

— D. Celui de vous qui n'a pas écrit cette lettre du 27 juillet partage-t-il les opinions que l'autre y exprime?

— R. Ce sont donc nos opinions qu'on recherche et qu'on poursuit? ce ne sont pas même nos opinions publiées, ce sont nos opinions *pensées*. N'auriez-vous pas lu, monsieur, la circulaire du garde des sceaux Pasquier aux magistrats du parquet de tout le royaume? et comment accordez-vous la modération qu'elle renferme avec l'interpellation que vous me faites?

— D. Il y a dans cette lettre des passages très-répréhensibles dont la teneur néanmoins n'est pas du domaine de la justice civile. Ce sera maintenant à vous de prouver que l'ordonnance du 24 juillet ne peut pas vous atteindre. L'ordonnance du 24 et l'arrêté du 28, quoique vous en disiez, ne détruisent pas l'effet de cet acte de la volonté du souverain, rétroactif, il est vrai, mais jusqu'à nouvel ordre en pleine vigueur. Dans cette lettre vous écriviez : Nous *voudrions* pouvoir être en aide à *la patrie* en souffrance. » Indépendamment du sens élastique de cette tournure de la phrase, vous ne persuaderez pas que pour vous le mot patrie comprenne le roi.

— R. Pourquoi ne pas rétablir tout de suite la loi des suspects ?

Les Faucher n'étaient pas loin de frapper juste. A l'heure effectivement où M. Rateau procédait à cet interrogatoire mémorable, le premier ministère de la seconde restauration, celui que M. de Talleyrand avait réuni avec tant de peine sous les feux croisés de l'invasion et de la réaction, ce ministère succombait à la tâche double d'être à la fois royaliste et français. Culbuté par le parti russe, qu'il avait trahi au congrès de

Vienne, détesté personnellement de Louis XVIII, en horreur au pavillon Marsan, qui réclamait à grands cris la suspension de la liberté individuelle, Talleyrand, malgré les efforts de M. Pasquier et du duc d'Otrante, ses collègues, Talleyrand se noyait dans cet immense soulèvement du fanatisme monarchique, dont le flot, grossi de Marseille à Bordeaux, s'avançait du Midi sur Paris comme la *barre* de la Manche remonte dans l'embouchure de la Seine.

Cette politique, que succinctement je vous expose, était celle de la Provence; elle avait déjà brillé de tout son éclat à Marseille, à Avignon, à Nîmes; elle s'était un peu amortie, en s'avançant, à Uzès, où elle n'avait guère démoli que vingt maisons et tué une quarantaine de personnes; mais on l'attendait à Toulouse, et il était permis de croire que cette théorie de l'oncle jésuite de madame de Fontanes prendrait enfin son étape à Bordeaux pour qu'on ne pût pas dire que l'unanimité manquait à l'enthousiasme.

Au Nord, son effet, plus diplomatique et moins social, tenait moins de la réaction que de l'invasion. Fouché, *ministre*, était insulté dans les antichambres des Tuileries. On vit deux préfets, un frère de M. Pasquier, *garde des sceaux*, et un neveu de M. Talleyrand, *président du conseil*, enlevés de France et conduit en Prusse comme des prisonniers de guerre ; il fallut, pour qu'on les restituât, des négociations. Partout régnait le droit de la force. Comment la justice se serait-elle fait écouter à cent cinquante lieues de la capitale, au sein de la ville la plus passionnée, pour le salut de deux vieillards, dans le fond des cachots du Hâ ?

Mais ce qui rétablissait moralement, en attendant mieux, la loi des suspects, c'était surtout l'émotion causée sur la surface entière du pays par la réunion prochaine du parlement. Le fanatisme se préparait un point d'appui dans la chambre. On avait convoqué les colléges électoraux pour le 25 août, jour de la Saint-Louis ;

c'est au duc d'Angoulême que le roi avait confié la présidence du collége de la Gironde, et cette faveur était trop signalée pour que la réaction ne s'en fît pas une arme.

En dépit de la circulaire de M. Pasquier, le procureur général Rateau, jugeant sur les faits, et il avait raison, mesura peut-être toute la portée qu'allait prendre, d'après les circonstances, le procès aventureux des jumeaux de la Réole. Aux yeux de ce magistrat, royaliste assurément, mais circonspect aussi, leur affaire parut soudainement, en résultat des deux interrogatoires, absolument en dehors de la juridiction civile. Ce fut un malheur sans doute : M. de Marbois, quoique timide, était capable, en recevant les sceaux de M. Pasquier, de n'accepter l'héritage que sous bénéfice d'inventaire. En conséquence, le chef du parquet de Bordeaux se hâta de prévenir l'autorité militaire que les Faucher étaient à sa disposition, et c'est à partir de ce changement de système dans la procédure que la persécution aussi revêtit de nouvelles formes.

X

Nous avons vu que les frères Faucher, à leur entrée forcément clandestine dans le fort du Hâ, avaient pris place dans la division des condamnés au bagne, le 4 août dans l'après-midi. Cet écrou fut suivi d'une longue agitation qui, durant le séjour des Faucher dans le sombre édifice, ameuta quotidiennement sous ses vieilles murailles la populace de Bordeaux.

La division des condamnés était la dernière cour du fort. Plus en avant se trouvait la division pour dettes. Enfin, la grande cour, où les soldats se promenaient, où les prisonniers respiraient l'air, où étaient logés les prévenus, touchait à l'esplanade. Des ouvertures grillagées servaient de communication entre ces divers quartiers de l'édifice. Jamais, toutefois, la division des condamnés ne subissait l'affront d'un factionnaire. On jugea que les Faucher étaient plus dangereux que des galériens, et tandis que les guichetiers Fourcade, Mille-Pieds et Pomez renouvelaient leur paillasse, César et Constantin étant descendus dans la cour, la sentinelle vint droit à leur rencontre. C'était M. Mathey, horloger.

— Ne me reconnaissez-vous pas? dit le garde national.

— Vous étiez à l'attaque de la forêt de Vouvants, en 1793! s'écria César en reculant de surprise.

— Les temps sont changés, reprit M. Mathey d'une voix sévère. Je suis très-royaliste, et, à un tel point, qu'à l'époque même où je vous vis à l'armée, et où nous combattions ensemble les Vendéens, ayant été fait prisonnier, je pris du service aussitôt de ce côté-là, et j'ai combattu longtemps contre la république. Cependant mes sentiments ne sont pas commandés par mes opinions, et, quoique vous soyez républicains, je ne rends pas moins justice à votre caractère.

— Pensez-vous, lui demanda Constantin avec ironie, que nous soyons coupables du crime de trahison envers le roi?

— Il n'y a pas sans doute de quoi vous condamner à rien dans l'instruction criminelle de la Réole, mais on vous poursuivra à outrance, parce qu'on regarde votre procès comme un moyen de prouver de l'attachement à Louis XVIII.

— Mais si nous ne sommes pas coupables, que sommes-nous donc pour qu'on nous égorge ?

— Vous avez refusé de vous rendre aux volontaires royaux de la Gironde.

— Mais dès que l'appel a été légal, nous nous sommes rendus; dès qu'on a pu obéir librement, nous avons obéi.

— Ah ! messieurs, reprit M. Mathey en haussant les épaules, ne me parlez pas aujourd'hui d'ordre, de tribunaux ni de lois; il n'y en a point et il ne saurait y en avoir de quelque temps. Les plus forts doivent commander.

En ce moment Fourcade, Mille-Pieds et Pomez revenaient du préau avec la paillasse garnie de paille fraîche. Ils firent une pause à la grille.

— On m'a offert de l'argent pour mettre deux sacs de poudre dans votre paillasse, dit le guichetier Pomez à César.

— Vous voyez, reprit aussitôt Constantin en s'adressant à M. Mathey; ces sacs de poudre, découverts dans la paillasse, auraient suffi pour qu'on nous accusât au moins de vouloir miner le fort, et alors...

— Tu mens!... dit brusquement l'horloger à Pomez; il n'y a pas un fusillier dans la garde qui soit capable d'une pareille infamie.

— C'est un borgne, reprit le guichetier; je jure bien par Dieu et par les saints que cette homme m'a offert vingt sous pour mettre de la poudre dans la paillasse.

On entendait hurler la populace sur l'esplanade. Les Faucher insistèrent pour que l'aventure fût éclaircie. M. Rey, concierge du Hâ, et le commandant du poste accoururent. La garde des portes fut doublée.

— Ce Pomez est un brigand, dit le concierge, je l'ai fait jeter au cachot. C'est lui-même qui proposait de glisser, pour vingt sous, le sac de poudre dans votre paillasse.

— Pourquoi donc, s'écria César indigné, avez-vous attendu, pour punir cet homme, que sa proposition fût mise sur le compte des gardes nationaux ?

— Nous avons juré fidélité au roi, monsieur, interrompit le commandant. Un pareil serment garantit vos personnes; et pour qu'un cheveu tombât de vos têtes, il faudrait que la garde nationale trahît son devoir. Cela est impossible.

L'affaire en resta là. Cependant un semblable début promettait, et les Faucher passèrent leur première nuit dans la conviction qu'à tout instant les portes du fort pouvaient être brisées. Au point du jour, une députation des condamnés leur présenta cet insolent placet :

« ... Au nom de tous les prisonniers, vous êtes enjoints de payer votre bienvenue, et puisque c'est aujourd'hui la loi des plus forts qui commande, il faut y céder. »

La patience des Faucher ne tint pas à ce dernier outrage. Ils écrivirent une lettre chaleureuse, éloquente, satirique même, à Fouché, ministre de la police générale. Ce qui les détermina surtout, ce fut une conversation étrange qu'ils surprirent, du fond de leur prison, pendant la nuit du 17, entre un vieux guichetier nommé Laporte et un inconnu à la voix nasillarde et hautaine qui ne pouvait être qu'un grand personnage, mais que la disposition des croisées ne leur permettait pas de voir.

— Vous me renvoyez toujours de Ponce à Pilate, murmurait le bonhomme Laporte

— Laporte, vous êtes un ignorant, répondait l'inconnu. Sachez que Pontius-Pilatus était un gouverneur romain, et que ce ne sont point deux noms.

— Hé vraiment! c'est parce que Ponce-Pilate était un même homme, un seul homme, que je parle ainsi. Voyez, par exemple, les deux jumeaux qui sont dans la dernière cour : s'il faut leur rendre la vie dure, tous peuvent donner des ordres, tous sont et doivent être obéis. M. le procureur général ordonne, et il est obéi; M. le commissaire de quartier ordonne, et il est obéi; M. le maire ou son adjoint ordonne et il est obéi; un officier de garde, un caporal ordonnent, et ils sont obéi. Mais si les deux frères demandent un adoucissement, depuis le procureur général jusqu'au caporal, personne ne veut plus donner d'ordre. *Cela ne me regarde pas,* dit alors chacun d'eux. Ponce-Pilate a bien donné un ordre et c'est Ponce-Pilate qui peut le modifier; mais Ponce-Pilate, qui ne veut déplaire à personne, pas même à un caporal, car un caporal a une autorité, Ponce-Pilate distingue, divise ses attributions en séparant son nom en deux moitiés, et de Ponce il vous renvoie à Pilate, expédient infaillible pour que vous n'ayez jamais raison. Depuis onze ans que je suis ici, je n'ai jamais vu un prisonnier avoir raison contre un homme libre.

Cet entretien fit une impression si vive sur

César, le rédacteur de la lettre, qu'il la termina par ces mots déchirants :

« ... Nous attendons et réclamons à grands cris, non pas grâce, nous n'en voulons pas; mais justice, justice, justice ! »

La lettre des Faucher au duc d'Otrante demeura sans réponse.

Le lendemain de l'interrogatoire, le 12 août, le concierge du fort du Hâ et ses guichetiers, faisant une ronde extérieure durant la nuit, furent assaillis de coups de fusil et contraints de se réfugier précipitamment dans la prison pour n'être pas massacrés au milieu des ténèbres. Le guichetier Maurice, le dernier de la troupe, franchissait le seuil de la porte, lorsqu'un officier le saisit au collet.

— Misérable, lui dit-il, tu as reçu quarante mille francs pour l'évasion des Faucher.

— Entrez vous-même dans le Hâ, répondit Maurice épouvanté; les Faucher dorment, mais on les réveillera, et vous les toucherez de la main sur leur paillasse. Que faut-il de plus?

En un clin d'œil l'attroupement stationnaire devant la prison grossit à tel point, que le concierge, repoussant l'officier, barricada les portes et s'opposa bravement à toute visite. Des cris féroces s'élevaient du milieu de l'émeute, que la fuite de Clauzel exaspérait contre ses prétendus lieutenants. Le préfet crut utile de venir le lendemain, dans la matinée, aux applaudissements de la populace, constater par ses propres yeux que les victimes attendues dans le cirque étaient bien encore sous clef.

Mais un homme sérieux ne contemple pas impunément de près le hideux tableau des haines politiques. On criait alors dans les rues de Bordeaux, avec la permission du préfet, le récit de la mort du maréchal Brune. Les journaux de la ville annonçaient même, comme raison suffisante de cette anthropophagie, que la conduite du maréchal Brune, depuis le retour de Louis XVIII, *avait porté au dernier point le ressentiment des habitants de la Provence.* Une pareille excuse, répétée aux oreilles de la populace ameutée sous les murs du Hâ, était presque un arrêt de mort pour les Faucher. En rentrant à la préfecture, M. de Tournon, frappé de terreur, pressa l'autorité militaire de prendre une décision; un événement sinistre donna tout à coup à ses représentations une grande énergie.

M. Isaac Sasportès, originaire des États-Unis, avait rencontré au Grand-Théâtre de Bordeaux, peu de temps après l'incarcération des Faucher, un de ses amis qu'il n'avait pas vu depuis long-temps. L'ami partageait les opinions de ceux qui réclamaient le procès des Jumeaux de la Réole. Une discussion politique s'éleva entre les deux jeunes gens; rendez-vous même fut pris pour le lendemain, 16 août, un mercredi.

Accompagné d'un témoin, M. Sasportès se

trouva au rendez-vous en présence de plusieurs personnes qui escortaient de leur côté son adversaire et dont le fanatisme était extrême. La discussion recommença sur le terrain. Des injures on passa aux coups. M. de Sasportès, atteint de la poignée d'un sabre en pleine figure, quitte enfin la place et se réfugie dans une maison de l'esplanade du Hâ.

On le poursuit.

M. Sasportès monte l'escalier, on le poursuit encore; il grimpe sur les toits. A son aspect, des huées furieuses éclatent dans l'esplanade, et une grêle de balles siffle autour de lui.

— La duchesse d'Angoulême serait-elle arrivée? Lui tire-t-on un feu d'artifice? demanda César au guichetier Mille-Pieds, en lui remettant une lettre pour sa nièce Anaïs.

— Ce n'est pas cela, répondit brusquement le garçon de geôle.

— Peut-être... une exécution militaire? ajouta M. Faucher d'un ton expressif.

— Je ne sais pas, murmura Mille-Pieds.

Mais à l'instant même un tumulte effroyable éclata dans les cours du fort. Il semblait que les détonations extérieures eussent trouvé de l'écho dans leur enceinte. Mille-Pieds tressaillit, jeta sur les deux frères un regard froid et revint précipitamment au greffe.

— Voici notre heure, dirent Constantin et César en s'embrassant.

Elle ne sonnait pas encore cependant.

La fureur populaire avait une distraction. M. Sasportès ne pouvait rester sur les toits exposé comme une cible aux coups de pistolet. Il avait eu par bonheur le temps, dans sa fuite, de barricader l'issue de l'escalier qui conduisait à sa retraite provisoire. La poursuite des assaillants était donc suspendue.

M. Sasportès profita de ce moment de répit; s'étant glissé sur la plate-forme d'une maison voisine, il fut à couvert jusqu'à l'arrivée d'un fiacre. Ses amis consentaient, pour le sauver, à ce qu'on l'arrêtât. Ce fut cet expédient qui fit croire à la foule que M. Sasportès allait être écroué dans le fort et provoqua le tumulte dont le retentissement inquiétait avec raison les Faucher.

Mais on ne voulut pas concentrer dans le Hâ tant d'éléments de trouble. Le fiacre déroba lestement à la foule cette nouvelle victime qui fut emprisonnée à la mairie de Bordeaux, située à l'époque dont nous parlons sur les fossés.. Là, de vives instances arrachèrent enfin M. Sasportès à la réaction, et, quelques jours après, un navire américain le ramenait aux États-Unis.

Quel que fût l'optimisme de M. de Tournon, de pareilles violences lui ouvrirent les yeux. Il pressa le gouverneur, M. de Viomesnil, de fixer le sort des jumeaux. Le comte de Viomesnil, prit une décision la veille même du jour où la duchesse d'Angoulême devait faire sa rentrée à Bordeaux. Le 19, à deux heures et demie,

Constantin achevait un mémoire qu'il envoya plus tard à M. Ravez, lorsque le bruit du canon et le son des cloches retentissant à toutes volées lui firent tomber la plume des mains.

— Que se passe-t-il donc? demanda Constantin à son frère, qui, nonchalamment étendu sur le matelas, lisait un journal.

— Tu le demandes? fit César avec un sourire. Voici le *Mémorial* qui se charge de la réponse. La duchesse rentre dans Bordeaux.

Elle rentrait effectivement, la petite-fille de Marie-Thérèse, elle rentrait par un beau soleil d'automne, sur un brigantin pavoisé, en vue de ce même quai de Bourgogne où, si humble et si fière à la fois, son éloquence dynastique n'avait rencontré naguère que des auditeurs trop indifférents; elle rentrait, précédée de M. de Viomesnil, le proconsul, et suivie des deux fidèles compagnons de sa fortune, de M. Lynch et de M. Lainé. Elle rentrait par ce faubourg de la

Bastide où Clauzel l'avait bravée : on répandait aujourd'hui des fleurs sur son passage, les jeunes filles voulaient traîner sa voiture. Jouant sur le mot *Gioia*, que le duc donnait à sa femme dans l'intimité, un poète bordelais avait même écrit sur un transparent ce calembourg singulier : « *La sua Gioia e anche la nostra. Sa joie est aussi la nôtre.* »

Mais personne vraiment ne goûtait plus la royaliste magie de ce spectacle que le cuisinier de la Bastide. Lamoureux, depuis la menaçante échauffourée des *Salinières*, n'osait plus mettre les pieds dans Bordeaux, de peur de se rencontrer dans les rues avec le cortége de l'exécution capitale des Faucher. L'arrivée de la duchesse le tira de sa morne apathie. Toujours, suivant son habitude, comme le *Dieu des bonnes gens*, quand une révolution passait dans la Bastide, il regardait par sa croisée. A la vue de la duchesse, il serra dans ses bras sa vieille sœur en s'écriant :

— Que le ciel soit béni ! voici la Clémence elle-même qui entre dans Bordeaux.

Lamoureux se trompait : la politique devait l'emporter sur la clémence.

XI

Il existait au fort du Hâ (1) une sorte de donjon qu'on nommait la Tour, ét qui n'était autre que la lanterne de l'ancien phare. Dans

(1) Le fort du Hâ, maintenant détruit, a fait place à un palais de justice qui a été inauguré en 1844. On a construit derrière le palais une prison neuve d'après le système cellulaire.

la partie supérieure se trouvait une grande pièce, naguère la *chambre du feu,* et comme telle, formée de murailles qui avaient huit pieds d'épaisseur; de mémoire d'homme, cette chambre servait de dépôt pour les galériens *ferrés,* c'est-à-dire pour les plus dangereux. Dix-sept forçats en étaient récemment sortis pour se rendre au bagne de Rochefort.

Ce qu'il y avait surtout de remarquablement imaginé dans la chambre du feu, c'était un trou, servant de latrines, percé au fond, dans l'angle le plus sombre, au ras du carreau. Vis-à-vis, à l'autre extrémité du cachot, étaient deux ouvertures faites à la muraille, d'autant plus accessibles à l'air, qu'elles ne recevaient ni châssis ni contrevents et qu'elles n'étaient fermées que par de fortes barres de fer; mais ces ouvertures, de beaucoup élevées par précaution au-dessus du sol de la chambre, ne ventillaient que le plafond.

Je vous rappellerai ici que les jumeaux de la

Réole avaient cinquante-cinq ans, de vingt-huit à trente blessures chacun, qu'ils avaient toujours vécu dans l'aisance, que leurs mœurs étaient délicates; j'ai même oublié de vous dire qu'ils étaient fils d'Étienne Faucher, successivement secrétaire d'ambassade à Turin, chargé d'affaires près la république de Gênes et secrétaire-général du gouvernement de la Guienne en 89.

Le 20 août, un dimanche, après une visite insignifiante des autorités militaires subalternes, le concierge Rey se présenta dans leur cachot de la dernière cour d'un air visiblement embarrassé, et les pria de le suivre.

— A la mort? dit César.

— Dans la tour, murmura le concierge, où j'ai l'ordre de vous conduire. Portez avec vous une bouteille de vinaigre, ajouta cet homme en tenant les yeux baissés.

— Un volontaire se trouve-t-il mal? reprit gaîment César.

Le concierge ne répondit pas. Il y avait, dans la *chambre du feu*, deux bottes de paille, un matelas, une couverture et une cruche d'eau. Quand les Faucher entrèrent dans ce bouge, à l'odeur qui s'en exhalait ils crurent naturellement que le concierge se trompait de chemin.

— Non, non, dit le concierge d'une voix sourde; c'est bien ici.

Les jumeaux se prirent en silence par la main, s'avancèrent dans l'obscurité vers le matelas et s'y laissèrent tomber en cachant leur visage entre leurs mains. Le concierge, ému, reprit :

—Voici le premier matelas qui entre dans cette chambre. J'y ai joint une couverture, mais c'est à mes risques et périls. Vous n'aurez ni feu ni lumières, ni fourchettes, ni couteaux. Tels sont mes ordres.

— Montez-nous seulement notre malle : on peut s'y asseoir.

— Pas seulement une planche.

Ce fut néanmoins durant cette première nuit de tortures, à la clarté des illuminations dont Bordeaux s'enflammait pour célébrer le voyage de la duchesse et qui pénétrait dans la tour par les deux hautes brèches de la muraille, que Constantin trouva la force d'écrire à mamoiselle Anaïs une lettre gracieuse où il disait :

«.... Nous sommes au secret, nous n'avons ni tables, ni chaises, mais en revanche nous avons un lit à la turque, un matelas jeté sur deux bottes de paille, puis un égout à deux toises de notre couche. Figurez-vous dans un coin notre cruche, vos deux derniers paniers de fruits, une bouteille de vinaigre, et nos chapeaux couverts de papiers. Cet ensemble est vraiment pittoresque, et, si Poussin l'avait connu, nous le retrouverions certainement dans le *Testament d'Eudamidas*.

«... J'ai imaginé, pour suppléer aux chaises

que nous n'avons pas, de nous asseoir sur notre paille en nous tournant le dos, nos échines s'arc-boutent l'une et l'autre, et vous ne concevez pas combien ces dossiers-là valent mieux que ceux des chaises. N'avez-vous jamais joué au *mariage du capucin,* etc... »

Le lundi 24 août, de grand matin, jour d'une représentation extraordinaire au Grand-Théâtre, en l'honneur de la duchesse et qu'elle devait orner de sa présence, le concierge ouvrit la porte et s'offrit aux regards des jumeaux accompagné de deux capitaines d'état-major.

— M. l'officier de ronde, dit Rey en entrant.

Mais à peine les deux capitaines d'état-major avaient-ils mis le pied dans l'intérieur de la chambre qu'ils reculèrent involontairement comme asphyxiés par les vapeurs du trou.

— Il est certain, dit le concierge, que la chambre ne sent pas trop bon.

— C'est toujours ainsi dans les cachots, fit

observer le plus jeune des deux capitaines d'état-major.

— Comment êtes-vous blessé à la tête? demanda le plus âgé à César à la vue du sang qui couvrait sa figure.

— Mon frère n'est pas blessé, répondit froidement Constantin; ce ne sont que des morsures de puces.

— Il en est toujours de même dans les cachots, fit encore observer le plus jeune capitaine.

— Le concierge, ajouta César, nous a refusé des chaises.

— Très-bien! En les cassant vous auriez un bâton.

— J'avoue, reprit César, que si le guerrier Samson, avec une mâchoire d'âne, a pu détruire dix mille Philistins, deux vieillards avec le bâton d'une chaise pourraient bien ouvrir les dix portes qui séparent notre chambre du greffe, massacrer le poste de soldats qui est dans le corps de garde au bas de la tour, et renverser enfin la double enceinte du fort du Hâ.

— C'est toujours ainsi dans les cachots, continua de faire observer le petit officier.

— Les vapeurs de cet égout, dit Constantin, étant trop lourdes pour s'élever jusqu'aux fenêtres, il en résulte qu'on ne respire qu'en se tenant debout.

— Que voulez-vous! reprit le plus âgé des deux capitaines d'état-major, on marche dans le sang à Nîmes, à Avignon, à Uzès ; ce sont des représailles (1). Les honnêtes gens, voyant

(1) Ces faits, et ceux qui vont suivre, paraîtront incroyables ; on dira que je mens. Tel est le sort de la vérité. Je préviens une fois pour toutes le lecteur que mes souvenirs se trouvent absolument conformes au récit que les Faucher ont laissé de leurs souffrances dans un *journal* écrit de leur main, heure par heure, à la tour du Hâ. Si l'on révoque mes souvenirs en doute, je renverrai au journal. On peut consulter aussi les lettres écrites à MM. Ravez, Rateau, etc.

(*Note du vieux diplomate.*)

que les lois sont insuffisantes, se chargent de leur vengeance. On commença bien en l'an III, mais cela dura trop peu; on finit d'ailleurs trop tôt. On continue à présent.

— Il en est toujours de même...

Ici, le refrain du petit officier fut interrompu par un geste brusque de son camarade, qui, ne pouvant plus résister à la fétidité de l'atmosphère, le saisit par le bras et l'entraîna hors de la chambre.

Cette agonie dura *cinq semaines*. Chaque nuit, le concierge, sabre nu et les pistolets à la ceinture, suivi de deux guichetiers et de quatre soldats du poste armés de toutes pièces, entrait dans le cachot, posait sa lanterne sur le matelas, s'assurait bien de la présence des deux jumeaux, et sortait lentement en refermant derrière lui de nombreux verrous.

Le 22, tandis que la duchesse d'Angoulême, accompagnée d'une brillante cavalcade, traversait la ville près du fort de Hâ, pour se promener sur la route de Bayonne, du côté de Pessac, et au clos Raba, deux personnes, profitant de la solitude momentanée que cet événement occasionnait aux abords de la prison, entrèrent presque en même temps, d'un pas furtif, dans le petit jardin tenant au greffe. C'étaient mademoiselle Anaïs Faucher et le père Lamoureux.

Le petit jardin du greffe du fort du Hâ, destiné sans doute par une administration prévoyante à jeter quelques fleurs sur la route des prisonniers vers l'échafaud, était bien en rapport avec ce but philanthropique ; mais les enfants du concierge Rey, malgré leur coquetterie d'horticulture, n'avaient pu cependant lui donner un caractère de fraîcheur digne de leur âge. Il y poussait des fleurs, mais ni coloris ni parfum n'engageaient à les cueillir. C'était dans des allées de buis que les détenus s'entretenaient avec leurs avocats. Rien ne ressemblait moins aux jacinthes de la Bastide et à la vigne tapissée d'escargots qui doraient la vieillesse de Lamoureux. Le bon cuisinier avait trop de véritable charité dans le cœur pour n'être pas douloureusement affecté de cette différence, lorsque mademoiselle Anaïs, déposant à terre un nouveau panier de fruits, vint elle-même à sa rencontre.

— Père Lamoureux, murmura la jeune Faucher en s'efforçant de sourire, ce buis ne vaut pas vos jacinthes.

— Dites mes lys; il n'y a plus que cette fleur chez moi comme dans Bordeaux. Mais que venez-vous faire ici, mademoiselle.

— Chercher les lettres que m'écrivent mes oncles, mais que le gouverneur ne me rend pas toujours. Si vous saviez quel chemin elles parcourent avant de m'arriver, quand elles m'arrivent! On les remet d'abord au garçon de geôle, ouvertes. Du garçon de geôle, qui les lit à loisir, elles passent au guichetier, qui naturellement plus haut placé dans son grade, met naturellement plus de temps à les lire. Enfin les lettres parviennent au greffe. Dès que les yeux du greffier ont découvert une virgule un peu louche, on porte immédiatement le papier suspect chez le procureur général, qui renvoie à l'autorité militaire, laquelle me consigne à la porte; et voilà comment, depuis quinze jours, je n'ai reçu que deux lettres, tandis que mes oncles en ont écrit, pour ainsi dire, une toutes les vingt-quatre heures. Il se passe dans le fort quelque chose d'extraordinaire.

— Que vous êtes enfant! Ce qu'il y a maintenant d'extraordinaire, c'est que la duchesse d'Angoulême est dans Bordeaux. Je suis venu au fort pour m'assurer moi-même de la présence de MM. Faucher; mais cette course était inutile. Comment les prisons ne s'ouvriraient-elles pas lorsque tant de joie s'apprête? on nomme les députés le 25, on passe une revue le 27, on danse le 28 : est-ce que tant de fêtes auraient lieu sans pardon? Cela ne serait pas seulement inhumain, cela serait maladroit. Vous voyez donc que rien n'est plus impossible.

— Je voudrais vous croire, dit Anaïs en secouant la tête, mais le concierge s'est rendu ce matin chez le procureur général, et une pareille visite n'annonce rien de bon.

Le procureur général, qui croyait n'avoir plus rien à démêler avec les proscriptions de l'époque, ne fut pas médiocrement surpris d'être relancé par les subalternes de la junte prévôtale dans les loisirs que venaient de lui créer les fonctions trop étendues de M. de Viomesnil, gouverneur.

— Monseigneur (1), dit Rey, je n'ai dans les

---

(1) Sur la fin de l'empire, les agents subalternes de l'autorité judiciaire, dans les provinces du midi, donnaient encore officiellement du *Monseigneur* aux chefs du parquet, aux présidents de cour et même à certains préfets qui

mains, pour couvrir ma responsabilité, que votre ordonnance du 2 août pour le transfèrement des Faucher de la Réole au fort du Hâ. Cela ne suffit plus.

— Pourquoi donc?

— On les traite comme on ne traite pas même les forçats.

— Puisque c'est l'ordre, que me demandez-vous ?

—Mais cet ordre est verbal; il m'est impossible d'obtenir qu'on l'écrive. Si les choses du gouvernement tournaient encore, on s'en prendrait au concierge. Voilà depuis hier que les prisonniers ont la fièvre.

— Informez le commissaire du quartier, M. Roustaing.

Rey s'en revint, plus embarrassé que jamais, au fort du Hâ. Il y trouva la jeune Anaïs Fau-

---

croyaient plaire à Napoléon en permettant qu'on outrât l'étiquette d'une aristocratie nouvelle.

(*Note du vieux diplomate.*)

cher seule. Continuant sa promenade dans Bordeaux, qui offrait alors un curieux spectacle, et persuadé, dans son optimisme bourbonnien, que les verrous tomberaient bientôt d'eux-mêmes devant les jumeaux de la Réole, le cuisinier de la Bastide était allé se faire inscrire à l'Évêché, malgré son âge, parmi les ouvriers qui composaient la garde d'honneur de cette résidence, où habitait la duchesse. A la vue de mademoiselle Faucher, le concierge prit un air triste.

— Je vous recevrai toujours au greffe, mademoiselle, mais ces facilités ne dureront pas. Ma sûreté personnelle exige que mes précautions redoublent. Ce que vous pouvez faire de mieux dans l'intérêt de vos oncles, c'est de vous retirer.

La jeune fille expédiée, Rey ne s'en tint pas à cette mesure, et, se conformant à l'avis officieux du procureur général, il alla prévenir le commissaire de police du quartier du fort du

Hâ. Ce fonctionnaire, M. Roustaing, visita les prisonniers.

— Pourquoi, dit le commissaire à Rey, avez-vous refusé les deux chaises?

— C'est l'ordre de l'état-major, Monsieur.

— Est-il possible, poursuivit Constantin, d'avoir un balai pour nétoyer notre cachot?

— Il y a bien un bâton dans le manche du balai, dit le commissaire, mais ce n'est qu'un bâton, tandis que, dans les deux chaises, il y en aurait deux. Je ne vois pas d'inconvénient à vous donner un balai; je prends même sur moi de vous le donner. Quant au reste, j'en parlerai à M. Lynch.

Mais M. Lynch n'était plus l'homme conciliant de 1814. Sa place était marquée à la Chambre des pairs; l'ordonnance allait paraître. Tant de faveur exigeait beaucoup de silence. On comprend que la requête du commissaire de police ne fut guère bien venue à la veille des élections, qui préoccupaient Bordeaux comme un nouveau triomphe. Cette solennité politique ne ressembla pas même à un scrutin ordinaire; ce fut un vote d'enthousiasme, une sorte d'acclamation générale; on ne proclamait pas les noms, on les criait. Naturellement M. Laîné sortit le premier de l'urne victorieuse. Puis vint M. Ravez. Cet avocat jouera dans l'histoire des jumeaux un rôle dorénavant trop caractéristique pour que je n'explique pas tout d'abord comment s'était formée leur liaison.

XII

La mère de madame Ravez avait épousé un parent de la famille Faucher. Cette alliance fut resserrée en novembre 1813 par le gain d'un procès que les jumeaux avaient confié au talent de M. Ravez, et dont l'heureuse issue justifia leur choix. Cet événement avait même si rapproché les deux familles qu'il donna lieu à la correspondance suivante qui fut le premier monument d'une intimité par malheur assez fatalement rompue. Constantin et César, voulant donner à l'avocat un témoignage de leur gratitude, lui envoyèrent une agate onyx que leur père Étienne Faucher, avait rapportée d'Italie.

« Les liens d'attachement et de parenté, disaient-ils dans leur lettre, ne dispensent pas d'être juste, et la restitution est de devoir rigoureux envers ses proches et ses meilleurs amis. Or, nous avons retrouvé dans nos vieux débris une pierre d'un travail exquis qui appartient évidemment à M. Ravez ; elle est du temps de Démosthènes et représente la tête d'Homère. Cette image du prince des poëtes, produite dans le siècle et dans le pays du prince des orateurs, s'était bien fourvoyée en s'arrêtant chez nous. Elle arrive aujourd'hui à son adresse. Que M. Ravez veuille bien ne pas y méconnaître ses titres de propriété et nos obligations. C'est le désir et l'espérance de deux jumeaux qui disent de lui ce que les Grecs disaient du chantre d'Achille : Il échauffe, il éclaire, et personne ne s'avise d'en être jaloux. »

A cette lettre si aimable et si charmante, où le bon goût relevait si adroitement la louange, M. Ravez fit cette réponse un peu tourmentée :

« Errant dans la Grèce, qu'il enchantait par ses beaux vers, Homère trouva quelquefois sans doute un mauvais gîte. Les dieux de sa patrie furent eux-mêmes exposés à ce malheur. Le même sort lui était réservé en France, et je redoute pour moi ses imprécations contre Cumes; mais aussi pourquoi lui donner mon adresse au sortir de chez vous? Le prince des poëtes regrettera son dernier logement, et j'aurais trop à rougir devant lui si vous lui aviez lu la lettre aimable dont il était porteur et que j'ai si peu méritée. Dans l'humble milieu où m'a placé le hasard, je ne suis qu'un soldat et je n'ai que du zèle. Voilà mes seuls et faibles titres que l'indulgence de l'amitié et une sorte de partialité de famille savent ennoblir, comme elles se plaisent à exagérer mes services. Du moins j'essaierai de suppléer aux qualités que je n'ai point *par un attachement sincère envers les deux jumeaux,* admirateurs de mon nouvel hôte, et aux obligations qu'ils ne me doivent point par le désir de *leur être utile.* Daignez, messieurs, en agréer l'assurance avec mes remercîments et les affectueuses civilités de celui qui est tout à vous. »

Ceci était de 1813. Alors M. Ravez ne prévoyait pas sans doute que, par suite d'une révolution nouvelle, son nom, passablement obscur, sortirait le second de l'urne électorale de Bordeaux.

M. Ravez, provisoirement sans doute, refusa la députation. A cette nouvelle, Constantin et César se regardèrent comme sauvés.

« ..... Un journal nous apprend, lui écrivirent-ils sur-le champ du fond de la tour du Hà, que vous n'acceptez pas votre élection. Cette circonstance vous conserve à vos clients. A Dieu ne plaise que nous voulions prendre à présent vos moments! Nous savons faire la part des événements, nous saurons attendre, nous savons souffrir. Il est impossible que celui qui, en 1813, nous sacrifia si noblement son temps dans une affaire d'intérêt, ne nous donne pas une heure en 1815 quand il s'agit de notre honneur. Nous mettons sous cette enveloppe un mémoire en quatre pages dont nous vous prions de nous accuser réception en signant le reçu, que nous vous envoyons rédigé, pour que vous n'ayez que la peine de le souscrire de votre main. Pardonnez-nous cette précaution, mais les intermédiaires dont nous sommes forcés de nous servir sont tels que nous ne devons en négliger aucune, etc. »

On n'a jamais su précisément si ce mémoire et ce billet étaient parvenus à M. Ravez. A partir du départ de la duchesse d'Angoulême pour Agen, qui eut lieu le lendemain 1ᵉʳ septembre, le *secret* déployé contre les jumeaux devint de la rigueur la plus excessive, et, pour première mesure, les lettres écrites ou attendues par les Faucher furent impitoyablement confisquées au greffe de la prison. Les pièces même de procédure ne passaient pas, et leur avoué se vit contraint d'abandonner une instruction que ces obstacles rendaient vaine. Tout allait sous les yeux de M. de Viomesnil. On n'ouvrait plus la porte du greffe à la jeune Anaïs, dont les voyages au fort du Hâ d'ailleurs, à travers la populace, n'étaient pas sans péril. Un ami de la famille. M. A..., et un capitaine en demi-solde, M. Monneins, se hasardaient seuls encore à frapper, une fois par jour, au greffe du guichet de la prison, afin de recevoir les papiers que les agents de M. de Viomesnil auraient permis de transmettre. M. Monneins ne connaissait les Faucher que depuis fort peu de temps. Son zèle parut suspect, et, le 3 septembre, la femme d'un maître d'école de la Réole, déguisée en *dame de qualité*, pénétra dans la maison de madame Monneins, tandis que son mari rôdait autour du Hâ.

— Votre mari s'occupe des Faucher, madame? dit l'étrangère dont l'obscurité cachait le visage.

— Pourquoi cette question? Qui êtes-vous? répondit la femme du capitaine effrayée.

— Peu importe. Vous êtes seule. On peut vous donner un avis utile. Si M. Monneins voulait reprendre du service, obtenir même de l'avancement...

— Eh bien?

— Rien de plus aisé. Que va faire M. Monneins au Hâ?

— Mais tout le monde le sait, madame. Prendre la correspondance des jumeaux ou leur porter une bouteille de vin. Vous allez maintenant me dire votre nom.

— Attendez. Ces monstres conspirent encore. Le gouvernement est instruit. D'ailleurs, des lettres renferment souvent des indications précieuses. Il y a même d'autres papiers; M. Monneins les a sans doute. Il faudrait...

— Je vous comprends, madame. Retirez-vous.

— Pas de bruit. C'est votre tête que vous risquez pour des misérables. On aura des moyens de vous perdre...

— Quelle infamie! Vous êtes bien heureuse que je ne sois pas un homme. Je vous jetterais par cette croisée.

L'inconnue sortit en menaçant du geste madame Monneins. En effet, le lendemain, la police fit une descente chez le capitaine, où elle ne trouva pour tout conspirateur que les cinq petits enfants de ce brave militaire, dont le plus âgé n'avait pas sept ans. Une perquisition minutieuse amena, cependant, la découverte des deux premiers cahiers du *journal* justificatif des frères jumeaux, dont je me suis servi parfois pour mettre en ordre ces souvenirs, que le capitaine avait reçus au greffe par l'intermédiaire d'un guichetier moins attentif que d'ordinaire, et qui furent portés au gouverneur. Malgré cette visite, M. Monneins eut le courage de se rendre chez M. Ravez. Le premier mouvement du célèbre président de la chambre fut bon : il promit de défendre ses amis. Cette nouvelle émut tellement Constantin que, dans une lettre supprimée, il disait avec bonheur à sa nièce :

«... Pour notre couverture, c'est un objet de curiosité; on paierait pour la voir. Mon bonnet de nuit pèse plus qu'elle, et toutefois elle est grande, mais elle a plus de cent ans de service et sur la paille; elle n'a plus de corps, elle n'a presque plus d'âme, elle est devenue de la couleur d'une mauvaise carotte, et elle s'élève au moindre vent comme les graines d'artichaud que vous voyez voler dans l'air. Nous craignons même souvent de la perdre, parce que les rafales entrant dans notre bouge comme dans la rue, cette chère couverture, au moindre *biroulet*, s'échappe de nos mains et s'enfuit par les ouvertures de la muraille...»

Ces causeries n'étaient, hélas! qu'un chant de mort. Les actes de procédure de la défense continuant à n'être pas admis dans le fort, et M. Ravez ne donnant aucun signe de protection efficace, M. Monneins, inquiet, retourna chez lui.

— Agissez-vous? lui demanda le capitaine.

— Les circonstances ne sont plus les mêmes, répondit l'avocat d'un ton embarrassé.

— Comment? vous m'avez promis...

— J'ai promis, dit sèchement M. Ravez, mais à l'impossible nul n'est tenu.

— Personne cependant, monsieur, n'est plus que vous lié à l'égard des prévenus et libre vis-à-vis du gouvernement. On ne saurait vous faire un crime de plaider pour des amis et pour des parents. D'un autre côté, votre réputation est établie, votre caractère connu, votre attachement pour Louis XVIII manifeste. Ce ne peut être la crainte...

— Non, monsieur! reprit M. Ravez avec impatience; mais voici une lettre de M. le comte de la Porterie, chef-d'état major de la place, qui, de la part de M. le gouverneur Viomesnil, m'intime l'ordre exprès de ne me mêler ni directement ni indirectement de l'affaire Faucher. Constantin et César dépendant de l'autorité militaire, je n'ai rien à dire.

— Il vous resterait à protester contre un pareil ordre! s'écria le capitaine indigné.

En sortant de chez M. Ravez, il fut arrêté, conduit au château Trompette et gardé à vue par deux sentinelles, jusqu'à l'issue du procès. Cet incident déplorable, que les Faucher ne connurent pas tout de suite, mais qui en faisant disparaître le capitaine, laissait croire aux malheureux prisonniers que leur unique ami était peut-être lui-même victime de son dévoûment, frappa César de telle sorte que les accès de fièvre du mois d'août revinrent avec plus de violence. Ne recevant plus de linge, les jumeaux croupissaient à la lettre dans la vermine, suivant l'expression d'un dernier billet qu'un officier d'état-major eut l'ironique barbarie de porter à M. Monneins, leur fournisseur de chemises, au château Trompette. Pour comble de torture, les pluies et les vents de septembre, s'engouffrant de nouveau dans la tour, y reproduisaient les souffrances qui naguère avaient arraché un balai à la pitié de M. Roustaing.

« ... Pour être moins tourmentés de la vermine, nous nous découvrons ; mais, un moment après, nous sommes raides de nos blessures et de nos douleurs. Nous remettons alors sur nous la mauvaise couverture ; nous nous pressons bien l'un contre l'autre ; la chaleur, la moiteur, viennent, et de petits accès de fièvre sont les moindres résultats de cette manière d'être. »

Ce fut néanmoins dans cette position cruelle que le 12 septembre, à deux heures et demie, il fut procédé, par le major de la Bouterie, adjoint au capitaine rapporteur, à l'examen sévère de la correspondance et généralement de tous les papiers qui existaient, soit dans les vêtements, soit dans le mobilier des détenus à la tour ! Le major délégué trouva Constantin accroupi sur son grabat, écrivant à sa nièce, sur un morceau de papier à la Tellière, une lettre toute paternelle à l'occasion de l'anniversaire de la naissance des deux jumeaux : les Faucher avaient atteint, ce jour-là, leur cinquante-sixième année. Un restant de vin du Rhône, jadis glissé dans le fort par Monneins, avait donné une vigueur factice et passagère au correspondant, qui priait mademoiselle Anaïs de fêter à la Réole cet anniversaire exactement comme si ses oncles étaient heureux et libres.

— Qu'est-ce que cette lettre? dit en entrant le major.

— Lisez, monsieur !

— Il y a ici d'autres papiers, continua M. de la Bouterie. Où sont les lettres que vous avez reçues ?

— Dans nos chapeaux, là-bas : il y en a treize.

— Confiez-les-moi, messieurs ; M. de Viomesnil aura de cette manière toute la correspondance en même temps sous les yeux. On vous les rapportera dans quelques minutes. Vous avez ma parole.

— Elles nous sont indispensables pour la marche de la procédure, comme aussi, en retenant les billets de notre avoué au greffe, on rend celle-ci parfaitement inutile.

— Cela n'aura plus lieu. Les billets passeront. Quant à vos lettres de famille et d'intérêt, vous n'avez qu'à me les envoyer ouvertes, et, après l'examen du gouverneur, elles seront exactement remises à leurs adresses.

A partir de ce jour, les Faucher ne revirent plus le major qu'au moment de leur interrogatoire, le 19, au château Trompette. Les lettres *ouvertes* de famille et d'intérêt furent bien remises à leurs adresses, puisque moi-même je les ai consultées, mais *après leur mort*. On comprendra dans quel désespoir ce système de l'autorité militaire aurait plongé des hommes moins fermes que César et Constantin, quand nos lecteurs sauront que, par suite de la disparition forcée de M. Monneins, les prisonniers n'avaient pour ordinaire, du 12 au 19, que trois œufs à la mouillette par jour. Enfin, le 19, un fiacre s'arrêta devant le corps de garde de la tour, et les Faucher, conduits sous bonne escorte et rapidement au château Trompette, comparurent pour leur interrogatoire devant M. le chevalier de Ricaumont, capitaine rapporteur, et son adjoint M. le major de la

Bouterie. Les chefs d'accusation avaient encore changé. On ne fit aux jumeaux que des questions sur ces trois points :

1° Avoir conservé contre la volonté du gouvernement le commandement qui leur avait été retiré ;

2° Avoir commis un attentat dont le but était d'exciter la guerre civile et d'armer les citoyens les uns contre les autres, en réunissant dans leur domicile des gens armés qui y faisaient un service militaire et qui criaient : *Qui vive* ? sur les patrouilles de la garde nationale ;

3° Avoir comprimé, par la force des armes et par la violence, l'élan de fidélité des sujets de Sa Majesté.

Quelques heures avant l'interrogatoire, grâce à l'adresse de madame Monneins, le capitaine en demi-solde avait secrètement remis aux Faucher un billet où les prisonniers étaient avertis des causes de son abscence et du refus de M.

Ravez. Au moment de rentrer dans le Hâ, devinant trop bien, à la nature de leur interrogatoire, comment jugerait le conseil de guerre, Constantin et César, malgré la fierté de leur âme, se résignèrent à une nouvelle tentative, et, dans le cabinet même de M. Ricaumont, ils écrivirent à M. Ravez cette lettre :

« ... Nous avons subi notre interrogatoire, et les officiers qui viennent d'y procéder nous demandent de désigner sur-le-champ notre défenseur. Nous ne saurons en choisir qu'après votre refus, auquel nous ne pouvons croire, parce que nous ne pouvons deviner la cause qui le motiverait. Cependant, si la fatalité le voulait ainsi, nous vous conjurons de nous accorder cinq minutes d'entretien, qui vous fixeront sur nos intérêts les plus sacrés. Vous ne refuseriez pas ce genre d'appui à des infortunes coupables ; vous l'accorderez au malheur immérité. Naguère nous aurions cru pouvoir réclamer d'autres sentiments. Si vous avez la bonté de venir dès que vous aurez reçu cette lettre, nous vous recevrons dans le cabinet même de M. le rapporteur, qui m'autorise à vous le mander. Vous ne connaîtrez tout le prix de votre condescendance qu'après que nous l'aurons obtenue... »

Tel était le caractère malheureux des jumeaux que cette lettre renfermait, comme on le voit, une phrase ironique, acerbe même, dont l'effet ne pouvait que détruire en M. Ravez, dans la supposition où elles eussent enfin reparu chez l'avocat, les tendances les plus favorables. Une ordonnance partit et bientôt après revint avec un court billet de M. Ravez, où il avait enfin tracé de sa main le refus verbalement fait à M. Monneins.

— Vous voyez, dit M. de Ricaumont aux jumeaux, que toutes ces démarches sont inutiles. Le conseil de guerre permanent de la 11ᵉ division militaire s'assemblera décidément après-demain. Messieurs, trouvez un défenseur.

— Non, s'écria César exalté, il m'est impossible de croire à ce refus! Laissez-nous écrire encore. M. Ravez ne comprend pas notre situation. Évidemment il y a erreur.

M. de Ricaumont tira sa montre, les deux officiers se consultèrent à voix basse, et, après un moment d'incertitude :

— Écrivez encore, messieurs, dit le capitaine rapporteur, puisque l'ordonnance est là; mais si, à trois heures, vous n'avez pas de réponse, il faudra désigner vos témoins à décharge, et, nonobstant le défaut d'avocat, la justice de Sa Majesté aura son cours.

L'ordonnance repartit; mais, cette fois, M. Ravez se fit attendre. Le capitaine rapporteur perdait patience. L'énergie des Faucher obtint quelques minutes de grâce. A trois heures et demie, cependant, il fallut rentrer dans le fort.

— Et vos témoins? dit M. de Ricaumont à César.

— Veuillez attendre que nous ayons conféré avec notre défenseur.

— Mais puisque vous n'en avez pas ?

— M. Ravez est trop poli pour ne pas au moins nous répondre.

Cette réponse arriva effectivement. Le soir du même jour, à neuf heures, M. de Ricaumont, que tant de retards jetaient dans une sorte d'exaspération, se fit ouvrir le cachot des Faucher et y parut tout d'un coup, précédé de lumières, suivi du concierge et des guichetiers comme pour une entrevue solennelle. Le capitaine rapporteur tenait à la main un papier.

— Messieurs, s'écria le chevalier de Ricaumont, voulez-vous me donner la liste de vos témoins ! mon ordonnance attend depuis trois heures et il faut que demain elle arrive à la Réole. Quelque chose que vous fassiez, vous serez jugés vendredi, je vous en préviens.

— Mais vous nous avez permis de conférer avec notre conseil avant cette désignation ; et vous nous remettez à l'instant même, et nous n'avons pas encore ouvert la réponse de M. Ravez.

— Eh bien ! que dit cette réponse de M. Ravez ?

Constantin aussitôt déploya le papier et en lut à haute voix les premières lignes ; mais, parvenu à l'endroit de cette lettre où M. Ravez déduisait enfin les raisons qui le forçaient à s'abstenir de la défense, M. Faucher, par égards pour son ami et pour son parent, s'arrêta.

— Continuez, dit le capitaine.

— Non, monsieur.

— Alors, donnez-moi la liste de vos témoins.

— Mais nous n'avons pas eu le temps de faire notre choix, que l'absence de tout défenseur va rendre plus important que jamais.

— Tant pis !

Tandis que César dressait cette liste, Constantin déchira la réponse de M. Ravez ; puis, saisissant la plume, il écrivit à cet avocat une lettre dont voici un fragment :

« ...... Le capitaine rapporteur ne nous a pas caché, dans notre interrogatoire de ce matin, qu'il demanderait contre nous la peine capitale. Nous allons tomber sous la hache qu'on aiguise depuis deux mois pour nous frapper. Nous tomberons avec le sentiment de notre innocence, mais avec le regret profond de laisser un nom chargé de toutes les iniquités dont il plaira à ces messieurs et à leurs auxiliaires de doter notre conduite. Si la combinaison de leurs efforts est parvenue à enchaîner votre âme indépendante et vertueuse, quels succès n'auront-ils pas sur les défenseurs que maintenant nous pourrions prendre ! nous n'avions qu'un patron : ils nous l'ont arraché ; c'est déjà nous avoir condamnés à mort. Nous saurons y marcher avec la fermeté que vous devez attendre d'hommes que vous honorâtes de votre amitié. Nous emporterons votre souvenir, et ce sentiment suffirait pour nous donner des forces, si nous ne les trouvions pas dans notre cœur.. »

On était au 20 septembre, et les Faucher devaient comparaître le 22 au matin devant le conseil de guerre. Organiser une défense en si peu de temps paraissait impossible. Cependant la loi du 15 brumaire an V ne prescrit les mesures promptes qu'en cas d'urgence. Où donc était l'urgence? puisque la députation sortie du scrutin électoral de Bordeaux répondait à tous les vœux des partisans de Louis XVIII et que les armées étrangères couvraient la surface du pays? En politique, le succès rendrait-il impitoyables les vainqueurs, ou, plutôt, une catastrophe judiciaire se trouvait-elle ici compliquée de tripotages ministériels? le moment de cette explication n'est pas venu.

M. de Viomesnil, malgré la promesse du major, n'avait pas encore renvoyé aux jumeaux les treize lettres qu'on ne devait garder que cinq minutes et qui ne furent remises aux prisonniers que le 21 au soir, quelques heures avant la séance du conseil, de telle sorte que les renseignements contenus dans cette partie de leur correspondance leur devinrent complètement inutiles. L'autorité militaire alla même plus loin. Ne comprenant pas la noblesse des sentiments qui portaient César et Constantin à taire les expressions de la réponse définitive de M. Ravez, elle craignit qu'on ne lui reprochât un jour, si ces expressions transpiraient dans le public, de ne les avoir pas, dans un but de responsabilité politique, officiellement notées. M. de Ricaumont, accompagné du concierge, revint dans la nuit.

— M. le gouverneur, dit-il brusquement aux Faucher, exige que vous lui donniez copie de la réponse de M. Ravez.

— A quoi bon ? puisque vous aviez ouvert les premières lettres et que vous les lui aviez renvoyées, en fixant les étroites limites qu'il ne devait pas franchir? D'ailleurs cette réponse n'existe plus. Nous l'avons détruite, et ce n'est pas dans un semblable moment que nous ajouterions confiance à notre mémoire pour la reproduire.

— J'ai des raisons pour n'être pas certain que M. Ravez se soit comporté franchement, et, en pareil cas, les écrits sont les mâles, tandis que les paroles sont les femelles.

— Si nous avions un instant songé à reconnaître le droit de M. de Viomesnil, ce que vous venez d'exprimer, monsieur, sur le compte d'un parent et d'un ami de notre famille, nous en ferait douter plus que jamais. M. Ravez est libre de nous refuser l'appui de son talent; nous ne le sommes pas de refuser notre témoignage à sa loyauté.

— Concierge, dit alors M. de Ricaumont en se tournant vers le vieux Rey, dorénavant, en exécution des ordres du chef d'état-major de la onzième division militaire, vous êtes averti de ne plus permettre que ces messieurs entretiennent au greffe leur nièce et sortent de leur chambre jusqu'à mardi. C'est une mesure dont vous répondez au conseil sur votre tête.

Ainsi l'époque du jugement était rapprochée; au lieu du 25, jour de l'ouverture des chambres à Paris, jour on ne peut plus maladroit, les fonctionnaires de Bordeaux, précipitant une catastrophe qu'ils avaient ajournée d'abord, choisissaient le 22. Ainsi la restauration soupçonnait même ses plus dévoués serviteurs, et l'inquisition haineuse d'un capitaine rapporteur à un simple conseil de guerre ne craignait pas de suspecter le dévoûment d'un homme dont le nom était sorti de l'urne électorale, il y avait un mois, aux applaudissements des royalistes de la Gironde. Les Faucher protestèrent énergiquement le jour même entre les mains de M. de Viomesnil et de M. de Ricaumont. Mais que signifiaient de pareilles luttes! Rien ne pouvait soustraire les victimes au sacrifice que M. de Schonen nomma plus tard un *assassinat judirique*.

XIII

Cependant, soutenue par la pitié secrète du greffe, mademoiselle Anaïs avait trompé la vigilance du capitaine rapporteur. Le 21 septembre, tandis que les jumeaux, abandonnés de M. Ravez, isolés dans leur cachot, essayaient de préparer leur défense, de courts billets étaient échangés clandestinement entre la nièce et les oncles. Mais ceux des avocats de Bordeaux à qui la jeune fille tenta de s'adresser furent invisibles pour elle. On conçoit les angoisses de ces trois infortunés. Les Faucher, dans la soirée, se résignèrent enfin, pour dernière humiliation, à prier le capitaine rapporteur de désigner lui-même d'office un défenseur. Le chevalier de Ricaumont, à neuf heures du soir, consentit à écrire une lettre à cet effet, et il la fit remettre aux deux frères par leur nièce avec le billet suivant, qui est à lui seul un monument de l'époque :

« Messieurs, je vous envoie la lettre demandée. Je vous salue.

« 21 septembre, neuf heures du soir.

» Le chevalier DE RICAUMONT. »

La jeune fille se jeta dans une voiture, et, par un temps affreux, se rendit à la campagne où résidait M. Gergerès nommé d'office. Mademoiselle Anaïs portait en outre à l'avocat, de la part de ses oncles, ces paroles suppliantes, en quelque sorte *in extremis* :

« Deux de vos anciens amis vous appellent et demandent vos conseils pendant quelques moments. On ne leur donne que quelques heures pour préparer leur défense. Ils vous attendent. Vous lirez, vous les entendrez. Si, à la vue des charges et des dispositions, vous avez des doutes sur un seul fait, et que nous ne les levions pas à l'instant, vos amis ne demanderont point à l'amitié des soins dont la conscience ou la délicatesse aurait à souffrir. Notre nièce vous porte cette lettre. «

M. Gergerès refusa. M. Desgranges-Bonnet refusa. Mais la nuit était passée, le tribunal entrait en séance, et le *commencement de la fin,* comme aurait dit Talleyrand, ne permettait plus qu'on sollicitât pour des hommes que le roi lui-même n'aurait pu sauver.

Le procès des Faucher fut le plus fidèle miroir des passions royalistes de 1815. Ce n'était pas l'homme qu'on voulait frapper dans les jumeaux de la Réole, c'était le principe. Labédoyère devait expier l'oubli du serment; César et Constantin, la persistance dans les opinions révolutionnaires. Il fallait que 89 fût frappé quelque part. On n'osait, on ne pouvait le frapper à Paris; on choisit Bordeaux.

Les membres du conseil général du département de la Gironde, dans une adresse au roi, s'exprimaient en ces termes :

« .... Sire, qu'il nous soit permis de former le seul vœu qui n'a pas encore été satisfait. Nous osons implorer Votre Majesté *pour qu'elle modère l'exercice de ses vertus,* et que son indulgence ne nuise pas à sa justice... L'impunité enhardit le crime, et elle est une calamité pour l'ordre public. »

Quelques jours plus tard, le 26 août, M. Lainé, secrétaire du collége électoral de la Gironde, à la clôture des opérations de cette assemblée, prononça un discours très-remarqué, où il disait : *Quand la justice publique sera satisfaite, alors,* etc. »

Enfin, le 18 septembre, la veille du jour où les Faucher furent interrogés par le capitaine rapporteur, lorsque le duc d'Angoulême présenta au roi la députation du collége électoral de la Gironde, M. Lainé encore lut l'adresse dont il était rédacteur, et dans laquelle se trouvait un passage significatif où il disait *que les conspirateurs, en ôtant à Louis XVIII le pouvoir d'être clément, lui avaient imposé l'obligation d'être sévère.*

Le parti royaliste à Bordeaux était dans l'ivresse. M. Lynch et M. Lainé, l'un dans la chambre des pairs, l'autre dans la chambre des députés, allaient porter à la capitale l'expression de cette ivresse, moins monarchique, peut-être, que antinapoléonienne. Les quatre nouveaux mandataires de la ville avaient, d'ailleurs, suivi de près la duchesse à Paris pour y ouvrir, le 25, cette *chambre introuvable* qui fut la conséquence des réactions de la province. On ne pouvait donc charger les fusils plus à propos.

Mais ce qui rendait surtout le dernier acte du procès tout à fait de circonstance, c'était l'avénement du nouveau ministère. M. de Richelieu était un homme qui avait des attaques de nerfs, qui portait de l'ambre dans ses poches, fumait dans des pipes turques, et jouait continuellement avec un gros singe. Il y avait cependant de la grandeur dans son caractère où tout, excepté la politique, était brillamment français, et encore n'ignore-t-on pas combien cette politique lui arracha de nobles larmes et d'inutiles regrets.

Du reste, pas le moins du monde au courant de nos mœurs et de nos affaires, qu'il avait suivies, depuis vingt-cinq ans, à travers l'influence russe, du fond de la ville d'Odessa, sur la mer Noire, dont Alexandre lui avait donné, pendant l'émigration, le gouvernement. C'est l'homme de France, disait Talleyrand, qui connaît le mieux la Crimée. Ce mot est tout un portrait. On gâterait la ressemblance en y ajoutant.

Le caractère de M. de Richelieu étant politiquement russe, et les autres membres du ministère, à l'exception de M. de Vaublanc et de M. Decazes, n'offrant que d'accommodantes spécialités, toute l'action ultra-royaliste du pavillon Marsan se porta sur le ministre de l'intérieur et sur le ministre de la police.

M. de Vaublanc, certes, n'était pas homme à trouver M. de Viomesnil trop sévère, et M. Decazes, qui avait à faire oublier entièrement le duc d'Otrante, ménageait l'autorité militaire jusque dans les emportements de la réaction méridionale. Si plus tard, comme dans l'affaire Maubreuil par exemple, en 1816, on le voit déjà un peu gêner le comte d'Artois, c'est que, dans le pays, la fièvre des résistances avait passé des monarchistes aux radicaux, et que le pavillon Marsan, ne dirigeant plus les excès, craignait de les subir. Voilà comment et pourquoi M. Decazes, ministre de la police, favori naissant de Louis XVIII, et le seul membre du cabinet qui sût manier la parole, débuta par une loi sur la suspension de la liberté individuelle; voilà surtout comment et pourquoi, dans le procès des Faucher, où il s'agissait un peu de son département et de ses compatriotes, cet homme d'état si supérieur, mais si ambitieux, rougit, courba la tête, et se tut.

Telles étaient les personnes et les choses qui se rattachaient de Paris à Bordeaux dans le moment si critique du procès, lorsque, enfin, le 22 septembre au matin, les portes du fort du Hâ s'ouvrirent devant les infortunés jumeaux.

XIV

Une foule immense couvrait les abords de la prison. Sur l'esplanade, ou la *place d'armes*, deux pièces de canon, chargées à mitraille, étaient braquées, non pas sur le peuple, mais sur les Faucher. On craignait que ces deux hommes ne renversassent la monarchie dans le trajet qui sépare le Hâ du château Trompette. Les environs de la cathédrale Saint-André, la rue Ségur, les allées d'Albret regorgeaient des plus exaltés royalistes du corps des volontaires et de la garde nationale, qui, l'œil sur la prison, gardaient les jumeaux à la fois de la vue, de l'arme et de la pensée, à tel point leur fanatisme était ardent et leur haine fixe. Au signal du concierge, un fiacre s'avança, et ils parurent.

Mais ce qu'on n'attendait plus que des furies de la guillotine et ce qu'on croyait passé dans l'histoire avec les souvenirs de 93, à l'aspect des deux frères un hourra d'insultes, un concert de malédictions s'éleva du sein de la cohue qui se pressait autour de la voiture.

— A pied! à pied! s'écriait-on.

Il fallut obéir. César et Constantin se prirent par la main et marchèrent à pied vers le château Trompette, où siégeait le conseil permanent de la onzième division militaire, au milieu des huées de la populace.

Cependant il n'était bruit dans Bordeaux que du refus de MM. Ravez, Gergerès, Desgranges-Bonnet, Émérigon, etc. Le matin même, à propos de ce refus, le *Mémorial bordelais* osait dire : « Rien ne prouve mieux le jugement déjà porté par l'opinion publique, que le refus unanime des avocats les plus distingués de notre barreau de prêter leur ministère à ces accusés. »

Au surplus, le remords de cet acte d'inhumanité pesa tellement à la conscience des jeunes avocats de Bordeaux, quand le premier feu des haines de parti fut éteint, que M. de Peyronnet lui-même a publié dernièrement les lignes suivantes du fond de sa retraite :

« ..... Alors, dit-il en parlant de l'époque de ce procès, j'étais à Paris, chargé d'une mission pour le collége électoral de la Gironde. Si j'avais été dans mon pays, j'aurais certainement défendu les deux accusés. Comme je l'ai dit et publié dans ce temps, j'ai le droit de le publier de nouveau et de le redire. Ce n'eût pas été d'ailleurs la première fois ; il n'y avait pas bien longtemps que, bravant pour eux les ressentiments et les violences de leurs nombreux ennemis, j'étais allé, dans leur propre ville, à la Réole, exposer ma sûreté et peut-être ma réputation, pour préserver, sinon leur vie, au moins leur fortune, près de tomber toute entière au pouvoir de ceux qui les poursuivaient...»

On était tristement curieux de voir comment les jumeaux, affaiblis par la fièvre, déconcertés par leur solitude, se *tireraient d'affaire* devant le tribunal. Le président, qui était en inimitié ouverte avec leur famille depuis cinquante ans, et qui, à ce titre, aurait dû peut-être se récuser, leur demanda suivant l'usage :

— Accusés, quels sont vos noms, prénoms, âges, professions, lieux de naissance et domiciles ?

— Nous nous appelons, dit Constantin d'une voix ferme, César et Constantin Faucher, âgés de cinquante-six ans, natifs et domiciliés de la

Réole, ne renonçant point au bénéfice légitime résultant des grades et qualités que nous ont valus nos services et nos blessures reçues à la défense de la patrie, mais déclarant que nous prenons habituellement le titre de citoyens français, ne regardant les autres que comme désignation des fonctions dont on quitte les décorations dès qu'on cesse de les exercer.

Leur caractère est tout entier dans cette réponse, mélange de causticité imprudente, de libéralisme acerbe et de généreuse emphase. Ils avaient toujours, on doit le dire, poussé jusqu'à l'extrême les qualités de la nature morale propre à leur pays, et ce que les hommes ne pardonnent pas à une excentricité brillante, était précisément la raison fatale de leur perte.

— Avez-vous fait choix d'un défenseur? reprit M. de Gombault.

— Notre défense est là, reprit César en montrant sa tête; mais il nous a été impossible de nous y préparer à temps, puisque l'autorité militaire a retenu tous nos papiers.

— Ils étaient, dit le rapporteur, d'après l'opinion de M. le comte de la Porterie, chef d'état-major, attentatoires à l'honneur des fonctionnaires de Bordeaux.

La question du président d'ailleurs était d'autant plus étrange que les jumeaux n'avaient eu connaissance de l'acte d'accusation que peu d'instants avant de comparaître devant le conseil de guerre. Les débats, qu'on n'a pas conservés, qui ne parvinrent jusqu'à nous que d'une manière orale, commencèrent aussitôt, furent très-courts, et portèrent, comme je l'ai dit plus haut, sur les trois chefs qui ressortissaient à la juridiction militaire. On n'avait pas eu le temps d'appeler plusieurs témoins à décharge, notamment M. de Wismes, mais le conseil passa outre.

Sur le premier chef d'accusation, — Avoir conservé, contre la volonté du gouvernement, le commandement qui lui était confié, — les juges déclarèrent que Constantin avait fait acte de général le 22 en sauvant l'officier Duluc des fureurs de la populace.

Sur le second chef, — Avoir commis un attentat dont le but était d'exciter la guerre civile, — les juges déclarèrent que le cri de *Qui vive?* poussé à une heure indue dans l'enceinte de leur maison, la suspecte installation de cette maison elle-même et l'arsenal découvert par l'autorité dans ses caves, sous les espèces de quelques mauvais fusils, constituaient le crime prévu par l'article 91 du code pénal.

Sur le troisième chef, — Avoir comprimé par la force des armes et par la violence l'élan de fidélité des sujets de Sa Majesté, — les juges déclarèrent que, pour n'avoir pas empêché qu'on brûlât le drapeau blanc dans le carrefour de la Réole, alors que les jumeaux retenaient encore sur la population une sorte d'autorité morale et d'influence personnelle, ceux-ci s'étaient rendus coupables d'opposition directe au rétablissement de la branche aînée des Bourbons;

Le tout *à l'unanimité ?*

Parmi les témoins à charge se trouvaient MM. Pirly, sous-préfet, et de Peyrusse, maire de la Réole.

Après le 9 thermidor, la mère de Mme de Peyrusse avait écrit à César Faucher :

« C'est à vous, citoyen, que je dois la liberté de ma fille. Je viens vous en rendre mille actions de grâces... La situation de ma fille, dont elle ignore l'horreur, déchire mon âme. C'est de vous, cher citoyen, que j'attends des secours... Rappelez-vous tous mes malheurs: ils ont été plus cruels que la mort même. Rappelez-vous que vous êtes le parent de mes enfants, que leur père était votre parrain, enfin que vous servirez une famille *qui n'a jamais connu l'ingratitude*, qui n'oubliera jamais que ce fut vous qui *la rendîtes à la vie.* »

Indépendamment de la vie de sa belle-mère, de sa femme, de la conservation de ses biens, M. de Peyrusse avait dû encore aux Faucher sa radiation de la liste des émigrés. On assure qu'il en convint devant le conseil de guerre.

La condamnation à mort prononcée, César et Constantin s'en retournèrent, toujours à pied, à la prison du Hâ, où Mlle Anaïs, qui les attendait au greffe, accompagnée d'un petit nombre d'amis, les supplia de se pourvoir en révision. Il fallut de nouveau chercher des avocats pour faire valoir les moyens de nullité que présentait la procédure. La jeune Faucher se rendit chez M. Roullet, avocat consultant, aujourd'hui, si je ne me trompe, premier président de la cour royale de Bordeaux.

— Je ne demande pas mieux, dit M. Roullet, qui était au moment de partir pour la campagne, que de vous être utile, mademoiselle; je vais me rendre à la prison.

— Vous nous sauverez! s'écria César en le voyant.

— Assurément je suis prêt à vous défendre, mais je n'ai aucune habitude de la plaidoirie. Il faudrait d'abord former un conseil composé des lumières de notre barreau, qui n'en manque pas.

— Il est bien tard! dit Anaïs.

— Essayons, reprit M. Roullet.

On alla chez M. Denucé, bâtonnier en exercice. Ce jurisconsulte sentit le besoin d'effacer la tache imprimée au barreau de la ville par le refus des premiers avocats auxquels avait été remise la défense. Il se nomma lui-même du conseil, et, usant de l'autorité de ses fonctions de bâtonnier, désigna d'office MM. Albespy, Gergerès, Émérigon. La nomination de ces deux derniers pouvait même passer pour une épigramme, qui fait honneur à l'indépendance de M. Denucé. MM. Gergerès et Émérigon devaient porter la parole.

Comme on le pense bien, les moyens de nullité étaient nombreux. Sans contredit, le plus curieux était le renouvellement intégral du conseil de guerre permanent de la 11ᵉ division fait depuis l'arrestation des Faucher, le 31 juillet; la loi disait formellement qu'en pareil cas le conseil ne pouvait pas connaître de l'affaire. Il y avait quatorze moyens en tout, dont *six* principaux. Le conseil de révision s'assembla le 26, M. Émérigon, en présentant les six moyens de nullité, prononça un discours où, toute culpabilité mise à part, il disait de l'état moral de la cause :

« Nous ne pouvons croire que notre conduite, que notre *pénible* dévoûment, soient critiqués ou blâmés par aucun de ceux dont nous sommes jaloux de conserver l'estime. Ils ont assez hautement éclaté, dans les temps affreux que nous venons de traverser, les nobles sentiments qui animent les avocats du barreau de Bordeaux. Tous, nous avons constamment *refusé de parti-*

ciper à des jugements ou à des arrêts rendus au nom de l'usurpateur..... Chargés plus particulièrement de la défense de César Faucher, nous ne devons nous occuper ni de ses opinions, ni de sa conduite, ni *même des délits qui lui sont imputés.* »

Ainsi des avocats, qui chaque jour s'honoraient de défendre à la cour d'assises les hommes accusés des plus grands crimes, s'excusaient de prêter leur ministère à des hommes poursuivis pour délits politiques. Ainsi le rôle du barreau, noble sous l'empire, devenait dans les mêmes circonstances, d'après M. Émérigon, indigne sous le règne de Louis XVIII, comme s'il n'était pas honorable également, sous un usurpateur comme sous un roi légitime, de défendre un accusé. Et plus loin :

«... Nous sommes ici les avocats de la loi plutôt que les défenseurs des accusés ! »

Le ministère public, qui prit la parole après M. Émérigon, s'exprima en ces termes :

«... Deux frères, se glorifiant d'une horrible solidarité, placés sous l'égide de la clémence royale, osaient lever audacieusement leur tête hideuse d'un demi-siècle de crimes. Après vingt-cinq ans d'absence, assise sur le trône des rois ses aïeux, Sa Majesté avait défendu aux tombeaux d'accuser les dévastateurs de la France. Les tombeaux restaient silencieux! les parents des victimes laissaient vivre leurs bourreaux! Les frères Faucher existaient à la Réole!... Avides de nouveaux crimes, ils accoururent à Paris quand l'ennemi du monde y apparut de nouveau, menaçant la France des jours de deuil de 1793. Exécuteurs de ses ordres, ministres de ses vengeances, les frères Faucher furent envoyés au *nommé* Clauzel, si digne de tels agents. Ils furent tous deux chargés par lui de missions particulières et d'un commandement supérieur à la Réole. César, élu membre du club patriotique connu sous le nom de chambre de représentants, fut jugé, par la bande, propre à remplacer, dans ces belles contrées, les proconsuls régicides dont Bordeaux n'a point encore perdu le souvenir. Constantin se fit élire maire de la Réole. Dès lors, la révolte, la dévastation, le pillage, les concussions, la guerre civile, furent organisés dans les deux arrondissements livrés à la fureur des frères Faucher...»

Nous n'irons pas plus loin. A la lecture de ce réquisitoire, on croirait voir Fouquier-Tainville, une fleur de lys à la main ; en le comparant aux faits que nous avons racontés, nos lecteurs en feront eux-mêmes justice. M. Émérigon répliqua dans l'intérêt commun des deux frères. Voici ses dernières paroles :

«... Tel est, messieurs, le résumé rapide des moyens que chacun de nous a fait valoir. (M. Denucé, M. Gergerès et M. Albespy avaient successivement plaidé). C'est à vous à les peser dans votre conscience. Quant à nous, notre ministère est fini et notre parole va cesser. Le devoir que nous venons de remplir n'a pas été le moins pénible de ceux que notre profession nous impose. Mais l'homme courageux n'hésite jamais, quand il s'agit de remplir un devoir. D'ailleurs nous trouverons dans notre cœur et dans celui de tous les gens de bien le *dédommagement* le plus consolant et le plus doux, le seul que nous ayons jamais ambitionné. »

C'est sans doute à cette péroraison que M. Émérigon dut plus tard le *dédommagement* d'être choisi par la cité de Bordeaux pour président de la commission qui vint, au nom du département de la Gironde, complimenter à Paris, la duchesse de Berry sur son mariage et obtint que le premier né de cette union prendrait le nom de la ville du 12 mars. Il est juste de dire que ce jurisconsulte, ancien créole de Saint-Domingue, ruiné par la révolution de 89, avait mille raisons personnelles pour ne pas aimer les principes et les hommes qui avaient compromis une fortune refaite avec peine sous l'empire au barreau. Il préside aujourd'hui le tribunal de première instance.

Le jugement du conseil de guerre fut confirmé *à la majorité* et l'exécution fut fixée au lendemain, 27 septembre, à onze heures du matin. Le prince de Santa-Croce, qui avait longtemps servi dans les armées françaises, et M. de Fumel essayèrent vainement de ramener leurs collègues à des sentiments moins inflexibles. Tout fut inutile.

César et Constantin passèrent la nuit du 26 et la matinée du 27 à écrire des lettres à leurs familles, à M. Malardeau, notaire à Marmande, au duc de Bassano, à Bourrienne.

« ..... La catastrophe qui nous frappe, disaient-ils à leur neveu, et qui vous prive de vos deux meilleurs amis, est pour nous un coup de foudre. Nous ne vous en parlons que pour vous dire qu'elle est l'époque où nous vous laissons le soin de nous remplacer, de vous occuper du bonheur de votre sœur et de vos frères… Si quelque chose survivait à la dissolution de notre être, nous serions au milieu de vous. Mais notre tendresse est comme la pensée, elle est indestructible tant que les objets de l'affection existent. Ainsi, vous devez vous dire, dans vos moments de peine: le cœur de nos meilleurs amis les partageait à l'avance ; et, dans le temps de vos prospérités, dites-vous encore: leur cœur les a goûtées à l'avance en nous les désirant continues… » (1)

Regrettons que ces lignes touchantes ne soient pas cependant empreintes du caractère inséparable des sentiments religieux. Il n'y a rien au-dessus de l'amour de la patrie et de la famille combiné avec la foi dans l'immortalité de l'âme et dans l'existence d'un dieu suprême.

---

(1) La révolution de juillet 1830 devait naturellement une réparation à la famille des jumeaux de la Réole. A cette époque, M. Casimir Faucher entra dans l'administration des postes. Il est aujourd'hui inspecteur, si je ne me trompe, à Toulouse.

Voici un fragment de la lettre écrite à M. de Bourrienne :

« ... Nous entendons de notre cachot crier dans les rues notre arrêt de mort. Demain nous y marchons, mais nous la braverons avec un calme et un courage qui feront rougir nos bourreaux. Nous avons près de soixante ans : ils ne font qu'abréger notre vie de quelques heures. Dans notre courte existence, maladies, chagrins, plaisirs, hasards, fortune, tout a été commun entre nous. Le même jour nous a vus naître, le même jour nous verra mourir. »

Toutes leurs lettres furent écrites avec la même facilité, avec la même présence d'esprit que dans les temps heureux. Pas une ne se ressent de leur triste position. « ... Dans une heure, mon frère et moi ne serons plus : nous allons marcher au-devant du peloton qui doit nous fusiller. L'officier qui nous commande nous fait prévenir qu'on nous attend. » C'étaient les derniers mots de leur dernière lettre.

On les attendait effectivement. Il était dix heures passées, et le trajet à parcourir du fort du Hâ au lieu choisi pour le supplice par malheur était assez considérable. On avait désigné une prairie située en face du grand cimetière de Bordeaux, de la *Chartreuse,* et maintenant couverte par les édifices mesquins d'un quartier neuf. Il y avait pour une grande demi-heure de marche.

En descendant au greffe, ils dirent à M. Henri Fonfrède, qui fondait en larmes :

— Le temps ordinaire de la vie est de soixante ans. Nous en avons cinquante-six. Ce n'est donc que quatre années qu'on nous vole.

— Le docteur Gall, ajouta César en souriant, avait prédit juste, et j'espère que vous croirez maintenant à la phrénologie.

L'autorité militaire avait déployé des mesures extraordinaires de précaution. La garde nationale, les volontaires, la légion de Marie-Thérèse, étaient sous les armes. César et

Constantin portaient par habitude des habits pareils : ce jour-là, ils avaient des pantalons de molleton et des camisoles blanches ; leur col de chemise était rabattu. Au moment de franchir la porte du greffe, le concierge leur dit :

— M. Rousseau, l'aumônier, est là,

— C'est inutile, répondit Constantin.

Avant de sortir, ils s'embrassèrent tendrement l'un l'autre, pour que ce suprême témoignage d'affection mutuelle ne vînt pas plus tard les attendrir sur le lieu même de l'exécution. L'intérêt si doux qui s'attache ordinairement parmi les hommes à ceux qu'un mystère de la nature a fait naître au même instant de la même mère, la curiosité si bienveillante qui nous pousse à défendre l'existence physique et morale des jumeaux, par cela même qu'elle est plus solidaire et plus favorable à l'échange des sentiments du cœur dont s'honore ou s'embellit notre vie, rien de ces émotions ne parlait à l'âme de la foule. Ce qui pouvait tout au plus impressionner les assistants, c'était la parfaite ressemblance des deux frères, ressemblance même proverbiale dans le pays, et dont le phénomène à cette heure frappait davantage les regards. Ils s'avançaient tête nue, toujours à pied, se tenant par la main, saluant les personnes de leur connaissance qui s'étaient mises aux fenêtres pour les voir passer. Leur sang-froid ne se démentit pas une seule minute. A cause de l'encombrement, le trajet dura une heure. Quand ils parvinrent sur le lieu de l'exécution, un officier leur dit :

— On va vous bander les yeux.

— Non, monsieur, dit Constantin : nous savons regarder la mort.

— Il faudrait vous mettre à genoux.

— Pourquoi ? Nous n'avons de pardon à demander à personne.

L'emplacement du supplice était disposé de manière que la garde nationale présentait son front d'un côté, les volontaires de l'autre, et la légion de Marie-Thérèse sur le devant. Au fond étaient les murs de la Chartreuse, où devaient s'amortir les balles. Lorsque le peloton fut prêt, César passa le bras autour de la taille de son frère pour le rapprocher de lui, afin qu'ils fussent, autant que possible, frappés ensemble. Puis, tournant la tête vers les soldats, il cria :

— Feu !

Les jumeaux tombèrent sans vie à l'instant même. Il y eut des applaudissements. Les troupes, qui avaient fait preuve de la plus entière impassibilité, rompirent alors leurs rangs, et, comme si le sacrifice avait soudainement éteint la haine publique, le peuple regarda les cadavres avec un empressement ignoble, mais en silence. Un seul homme, à l'écart, près du cimetière, s'était agenouillé ; il appelait à la fois la miséricorde divine sur les Bourbons et sur les Faucher. C'était Lamoureux, le cuisinier de la Bastide.

Après une exposition beaucoup trop longue,

où quelques femmes montrèrent du cynisme, un tombereau de charretier s'avança; les deux corps, souillés de sang et de poussière, y furent jetés par les gendarmes, et on les enfouit profondément dans une fosse écartée de la Chartreuse où, durant la restauration, il fut sévèrement interdit de planter aucun signe qui pût désigner leur sépulture à la pitié des Bordelais. Mais, en 1830, on arbora sur cet emplacement trois faisceaux de drapeaux tricolores, qui sont toujours renouvelés avec soin, et une souscription s'ouvrit pour qu'un monument fut élevé. Cependant les jumeaux de la Réole n'ont encore pour épitaphe que ces trois beaux vers de M. Emmanuel Dupaty, leur compatriote, inscrits dans son poëme sur *les délateurs* :

> Deux jumeaux, compagnons de supplice et de gloire,
> Unis par le berceau, la tombe et la victoire,
> Ont trouvé cent bourreaux et pas un défenseur!

Simple rapprochement : — Le 21 janvier 1793, M. Lainé, administrateur du district de Cadillac pour la partie des subsistances, se renferma, à la nouvelle du supplice du roi, dans un profond silence et redoubla d'activité pour obtenir les éloges du gouvernement. En 1815, M. Lainé, comblé des faveurs de la restauration, parcourut successivement toutes les plus hautes dignités de l'État, passa pour le premier royaliste de France, comme la Tour d'Auvergne en fut le premier grenadier, et alla prendre enfin, dans le sein de la chambre des pairs, de glorieux invalides.

Le 21 janvier 1793, César et Constantin, administrateurs du district de la Réole, non-seulement prirent le deuil, à la nouvelle du supplice du roi, et s'engagèrent comme volontaires dans l'armée du Rhin, mais encore ils prononcèrent publiquement l'éloge de Louis XVI. En 1815, César et Constantin furent assassinés par la restauration.

Puisque je parle de l'époque de la terreur, il n'est pas hors de propos de rappeler l'abominable disposition de la loi du 22 prairial an II, régulatrice du tribunal sanguinaire de Fouquier-Tainville. Cette loi dit : J'accorde pour défenseurs, aux patriotes calomniés, des jurés patriotes ; je n'en donne pas aux conspirateurs.» Les réactions sont toujours les mêmes, quelque soit leur drapeau.

Ce qui perdit les Faucher, ce fut évidemment la remise de leur lettre confidentielle par le général Clauzel à M. de Tournon. L'esprit de cette lettre était beaucoup trop opposé à une restauration nouvelle, pour ne pas provoquer le besoin monarchique d'un exemple dans la ville du 12 mars, et, comme le général Clauzel manquait aux réacteurs, ils prirent les Jumeaux. Les circonstances de leur procès ne furent que les prétextes d'une catastrophe dont cette lettre fatale était la raison véritable et sous-entendue. Aussi, le lendemain de l'exécution, le capitaine Monneins fut-il mis en liberté, et on lui rendit même ses papiers.

Deux mois avaient passé sur ce drame funèbre. On avait badigeonné les murs de la Chartreuse; il était permis de croire que le sang répandu apaisait tous les ressentiments politiques. Personne, assurément, ne pensait qu'il fût nécessaire, pour le gouvernement de Louis XVIII, de frapper encore dans leur mémoire ceux qui étaient tombés.

Toutefois, la cour d'assises de la Gironde, en décembre 1815, jugea les militaires qui avaient brûlé le drapeau blanc, à la Réole. M. de Martignac était chargé de la défense du lieutenant Varret. L'avocat, pour mieux défendre son client, dit en propres termes (1) :

« .... Le sang a tant coulé sur le sol français depuis quelques années qu'il est permis d'en devenir avare. Les crimes qui vous sont dénoncés aujourd'hui, vous n'en doutez pas, sont

---

(1) *Mémorial bordelais*, n° 121, 19 décembre 1815.

l'ouvrage des deux frères dont la Réole conservera longtemps l'effrayant souvenir. Ces deux frères ont payé leurs forfaits de leur vie. Vous ne confondrez pas l'égarement avec le crime, l'erreur d'un jour avec la scélératesse de vingt-cinq années, j'oserai même dire les victimes avec les bourreaux. »

Enfin, le 25 août 1816, fête de saint Louis, la garde nationale de la Réole, revenant du service divin et de la parade, ayant à sa tête M. Pirly, sous-préfet, passa dans la rue Lamar, rue fort étroite, où jamais n'avait paru le cortége d'aucune cérémonie religieuse, civile ou militaire. Lorsqu'elle fut arrivée devant une des portes et sous les fenêtres de cette maison, on lui fit faire halte. Aux cris de : *vive le roi*, on mêla les cris de : *à bas les Faucher!* d'autres expressions plus furieuses, que nous ne répéterons pas, accompagnèrent cette démonstration d'un sentiment qui n'attendait pas pour éclore que l'année entière au moins fût révolue. On ne s'en tint pas là : des hommes sortirent de leurs rangs et assaillirent une porte et un mur de clôture à coups de baïonnettes et de crosses de fusils.

Durant cette scène, mademoiselle Anaïs Faucher, seule, dans l'intérieur de la maison, et habillée encore de deuil, était tremblante et agenouillée.

Certains hommes politiques, ou du moins qui font métier de l'être, ne manqueront pas de s'écrier à ce récit : Tout pouvoir contesté ne s'établit que par la force, et, pour ne pas périr, on doit tuer. Cela est faux de sentiment comme de raisonnement, et l'histoire des jumeaux de la Réole, mise en regard de la chute de la branche aînée des Bourbons en juillet 1830, est une leçon qui n'a pas besoin de commentaire. A cet égard, les triumvirs du comité de salut public ne sont pas plus justifiables que les énergumènes de la restauration. Tout pouvoir contesté doit être ferme, sévère même, rigoureux si vous voulez : aveuglément barbare ou systématiquement implacable, jamais. La logique contraire est à peine digne de ces *condottieri* politiques qui vivent des excès en les défendant, et qui les défendent pour en vivre.

FIN DU SECOND VOLUME.

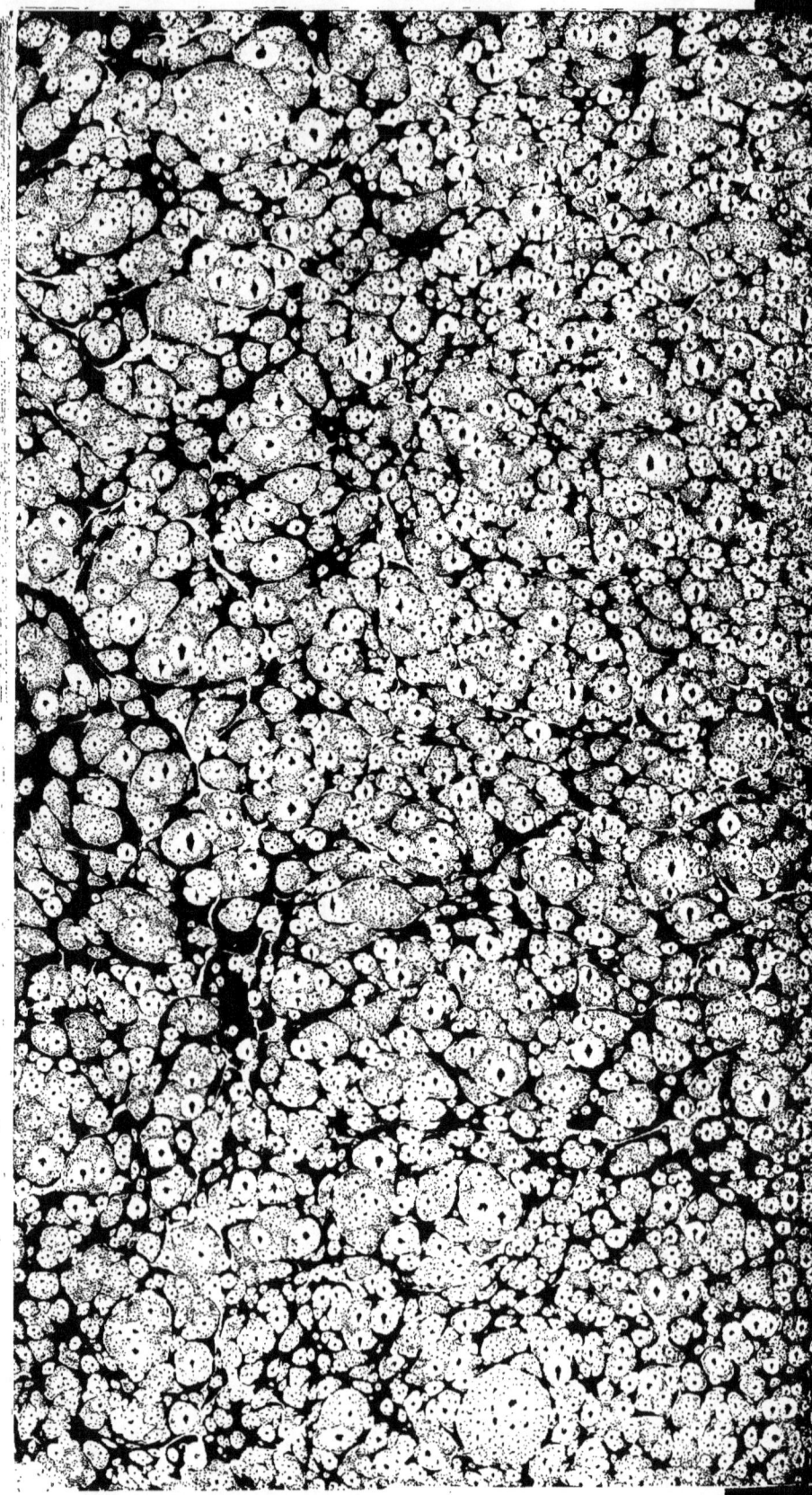

www.ingramcontent.com/pod-product-compliance
Lightning Source LLC
Chambersburg PA
CBHW072021150426
43194CB00008B/1205